官邸コロナ敗戦

親中政治家が国を滅ぼす

乾 正人
産経新聞論説委員長

ビジネス社

はじめに　安倍官邸はなぜ敗北したのか

世界は敗れた。

中国・武漢発の、目には見えない小さな、小さなウイルスに。

令和元年に中国・武漢で発生した新型のコロナウイルスは、あっという間に世界中をパニックに陥れた。

数えきれぬ多くの人命を奪ったのみならず、発生源とみられる武漢のみならず、ニューヨーク、パリ、ローマといった世界の名だたる大都市が、軒並み機能を停止した。

人通りの絶えたブロードウェイやトレビの泉。まるで人類が滅亡した後の世界を描いたSF映画のような情景が、そこかしこで繰り広げられた。

ヒト・モノの動きが止まれば、当然のことながら世界経済は極めて大きな影響を受ける。株価は急落し、失業者が激増した。

とりわけ、〝爆買い〟でおなじみの中国からの観光客によるインバウンド景気に酔いしれていた日本経済に大きな打撃を与え、事態はいまも進行中である。

二〇二〇東京オリンピック・パラリンピックも延期を余儀なくされた。

心優しい日本人の多くは、想定外のウイルスが起こした災いだったので仕方がない、という諦めの心境にあるのかもしれない。

もちろん、世界を恐怖のどん底に陥れた最大の「戦犯」は、武漢コロナウイルスそのものである。

同時に、新型ウイルスの存在に気付きながら情報を隠蔽し、対策が遅れに遅れた中国共産党とその支配下にある中央・地方政府の責任もまた問われなければならない。

中国共産党のトップである習近平国家主席は、二〇二〇年一月二十日になってようやく感染拡大防止の大号令をかけた。習近平は、主席就任以来、胡錦濤《こきんとう》主席時代に比べてはるかに厳しい言論弾圧政策を徹底してきた。そのために治療に当たった医師たちがＳＮＳで発信した「真実の情報」が武漢市民には届かず、被害を中国のみならず、世界に拡大させた彼の責任は最も重い。

習近平に続く「戦犯」は、ＷＨＯ（世界保健機関）のテドロス事務局長である。

三月になると「パンデミック（世界的な大流行）が加速している」と強調し、「検査、検査、検査」と叫んだ彼だったが、感染者と死者が、中国にほぼ限定されていた一月の段階では、二十三日の緊急委員会で「国際的に懸念される公衆衛生上の緊急事態」の発表を見送ったのである。

二十三日の時点で多くの専門家は、中国が発表する感染者数や死者数を信用せず、「緊急事態」をＷＨＯが発表するのを当然視していた。

だが、しかし。

テドロス事務局長は、「時期尚早」としたばかりか「渡航や交易を制限する理由は見当たらない」と渡航制限勧告も見合わせた。世界の人々に対する許しがたい裏切りである。

翌週になってＷＨＯはようやく緊急事態と認定するが、時すでに遅し。

一月二十三日の段階で緊急事態を発表し、中国を対象とした渡航制限勧告をしていれば、世界各国はウイルスに対し、かなりの余裕をもって臨めたはずである。

テドロスは、一月二十八日に習近平と会談し、「中国政府が揺るぎない政治的決意を示し、迅速で効果的な措置をとったことに敬服する」と最大限の賛辞を送った。

テドロスの出身国エチオピアは、中国から鉄道や電力供給など莫大なインフラ投資を受け入れており、彼自身もエチオピア外相時代（二〇一二～二〇一六年）に中国との関係を深め、中国の強力な後押しでＷＨＯ事務局長のポストにありついた。そりゃあ、習近平の言いなりになるわけだ。

そういった「大人の事情」があるにしても、「緊急事態」の認定を遅らせ、結果としてＷＨＯの権威を失墜させ、各国のウイルス対策をも遅らせた行為は、万死に値する。

武漢コロナウイルスの〝被害者〟とはいえ、安倍晋三首相もまた、初動で手痛いミスを連発してしまった。

長期政権で数多くの危機をくぐり抜け、危機管理に定評がある安倍政権がなぜ、そんなミスを犯してしまったのかをこれから具体的に明らかにしていくが、もし政府の初動対応が迅速であったなら事態はかなり違ったものになった可能性が高い。

その点、台湾の初動対応は大いに参考になる。特に一章を設けて詳述したい。

それにしても永田町の一寸先は闇、とはよくいったものである。

安倍晋三は、ライバル不在の中、「安倍一強」という自他ともに認める強固な権力基盤を築いた。

時代が平成から令和にかわっても憲政史上最長政権を維持し続け、令和二年三月十二日には、長州出身総理大臣の大先輩である桂太郎や佐藤栄作、伊藤博文もなし得なかった首相在任三千日という偉業を達成。満を持して、二〇二〇東京オリンピック・パラリンピックを迎えるはずだった。

好事魔《こうじま》多し。

突如として登場した中国・武漢発のウイルスによってこれほどまでに追い詰められようとは、令和二年の元旦にはお釈迦様でも予想できなかっただろう。

ただし、平成から令和への御代《みよ》替わり前後に「安倍政権危うし」という予兆はあった。民主党から政権を奪回した第二次安倍政権発足直後の「アベノミクス」成功に象徴される首相の鮮やかな決断力と実行力が、政権が長期化するにしたがって鈍り、側近たちもある者は去り、ある者は力を失い、残った者の緩みと驕《おご》りが顕著になっていたのである。

春秋の筆法で書けば、令和元年十月、安倍首相の決断によって八％から一〇％に引き上げられた消費税増税が、政権衰退の引き金を引いた。

消費税増税実施の直前、御代替わり間もない令和元年七月に上梓した『令和をダメにする18人の亡国政治家』（ビジネス社）のなかで、私はこう書き記した。

「この選択（消費税増税）は、間違いだった、と私は思う。せっかく『アベノミクス』によって景気が回復したにもかかわらず、5%から8%に引き上げたことによって経済成長に急ブレーキがかかった前回の二の舞になる可能性大だからである」

「盟友の財務相、麻生太郎の顔をつぶすわけにはいかない、という安倍の配慮もあるだろう。しかし、それは大局を見誤った決断であり、消費増税を断行して日本経済が令和早々、失速すれば、安倍は『令和の戦犯』だったと、後世の史家から断罪される可能性さえ出てくる。（中略）消費税10%への引き上げは、アベノミクスで成功を収め、国民の信任を得た安倍政権の存続を危うくしかねない」

〝予言〟は、残念ながら現実のものになってしまった。首相や麻生財務相、それに財務省のお役人たちは食料品などには八%据え置きの軽減税率を適用し、キャッシュレスポイント還元制度を創設するので「景気の大きな落ち込みはない」と口をそろえていたが、現実はどうだったたか。

当然のことながら、経済は政治家や役人の思うようには動かない。消費税増税直後の令和元年十~十二月の国内総生産（GDP）は年率換算で七・一%も前年から減少してしまった。

この落ち込みは、消費税率を五％から八％に引き上げた直後の平成二十六年四〜六月期の七・四％減とほぼ同じだ。前回の上げ幅が三ポイントで、今回が二ポイントだったのを考慮するとより深刻だ。

経済がただでさえ消費税増税で傷んでいるさなかに「武漢コロナウイルス」が、日本を襲ったのだからひとたまりもない。


しかも東日本大震災における福島第一原発事故が象徴する民主党政権の大失態を他山の石とし、危機管理には自信があったはずの安倍政権が、「武漢コロナウイルス」では初動で完全に失敗してしまった。

ウイルスを水際で食い止めるべくアメリカは、中国政府が武漢を完全封鎖してから約一週間後の一月末には中国全土からの入国を拒否した。中国大陸から指呼《しこ》の間《かん》にある台湾も二月上旬には全面的に入国禁止措置をとった。

しかるに日本が、中国全土からの入国を事実上拒否したのは（それも「要請」という曖昧な方法で）三月九日になってからだった。

武漢や湖北省を除く北京や上海など中国全土からの観光客やビジネスマンは、武漢が封鎖された一月二十三日以降も三月上旬までの間、形だけ強化した緩い入国審査によって、ほとんど普段と変わることなく羽田をはじめ全国の空港に降り立つことができたのだ。

特に北海道では、二月四日から十一日まで札幌で開かれた「さっぽろ雪まつり」に多数訪れた中国からの観光客による感染拡大が疑われている。

なぜ、安倍首相は当初、厳しい措置をとらなかったのか。

「令和の国難」襲来を前にして、これまで盤石を誇ってきた安倍政権の内部で、いったい何が起きていたのか。

その謎を解明すべく、本書の執筆にとりかかったが、事態が現在進行形ゆえに難渋を極めた。取材先からも「あえて初動の失敗をあげつらうのはいかがなものか」「検証は事態が一段落してからでイイのではないか」というご意見も頂戴した。

それでも、いま書いておかねば、という思いが、日々事態が深刻化するにつれ、強くなった。

鉄は熱いうちに打て！　とはよくいったもので、時間をおいて検証してもあまり意味がない、と私は思う。

平成時代に起きた阪神大震災や地下鉄サリン事件、東日本大震災といった大地震、大事件も時間が経てば、切実感が薄れ、昔話になりがちだ。

いまこそ、失敗から教訓をすばやく汲み取り、実行に移さなければ、日本の未来どころか「武漢コロナウイルス」禍からの克服もおぼつかない。

そういった思いで少々、厳しい話も書いていきたい。

なお本書では、新聞やテレビで一般的に使用されている「新型コロナウイルス」やWHOが定めた「COVID-19」は、原則的に使わず、「武漢コロナウイルス」という用語を主に使うことにする。

COVID-19は、Coronavirus（コロナウイルス）とDisease（病気）の英語表記を組み合わせ、発生した二〇一九年の下二桁の数字を加えた造語なのだが、発生地である中国や武漢を連想させる単語は一切使わないという中国に忖度した用語であるのは明白だ。

一方、「武漢コロナウイルス」という表記は、中国が強く反発しているが、ウォールストリートジャーナルなど米主要メディアでも発生源を明確化するため使われている。

トランプ米大統領に至っては、「中国ウイルス」とまで言っている。

しかも本書を執筆している段階で、武漢コロナウイルスが人工的なウイルスが発祥である疑いが消えていないばかりか、「新型肺炎」という用語では、今後、新たなウイルスによる肺炎が出現すれば、区別がつきにくくなる。

それこそが、中国共産党やその影響下にあるＷＨＯの思惑であろう。日本でも麻生太郎財務相や山田宏参院議員らごく少数ながら「武漢コロナウイルス」や「武漢肺炎」の用語を使っている政治家もいる。

こうした言葉遣い一つで人物の真贋がわかるのも、この邪悪なウイルスの数少ない効用に数えられるのかもしれない。

令和二年四月

官邸コロナ敗戦

――親中政治家が国を滅ぼす

目次

第二章　国賓の呪縛

第三章　国会、本日も機能せず

第四章　中国に擦り寄る人々

第五章　「中国依存症」から脱せぬ財界

第六章　台湾はこうして「奇跡」を起こした

第七章　失敗を繰り返さぬために

第一章　空白の四十二日間

令和二年三月二十四日夜、安倍晋三首相は、国際オリンピック委員会（IOC）のバッハ会長と電話で会談し、東京五輪の一年延長を提案、了承された。

「予定通りの実施」を繰り返していたIOCだったが、水面下では武漢コロナウイルスの急速な感染拡大によって、中止か、規模を縮小した上、無観客による開催か、前例のない延期かの選択に迫られていた。しかも、翌年夏には世界水泳、世界陸上という大スポンサーを抱えるスポーツイベントが二つもあり、「一年延期」は困難との見方が大勢だった。

これを覆したのは、「一年後」にこだわった安倍の執念だった。首相は、G7（先進七カ国）首脳のテレビ会議で「完全な形の五輪開催」という表現で延期の根回しをし、バッハとの会談前に事実上、「一年延期」が固まったのである。

この情報をキャッチした産経新聞が首相とバッハとの会談に先立つ二十四日朝に配られた朝刊で「五輪延期　一年以内で調整」という見出しが一面に躍る特ダネを報じると、市場は好感し、同日の日経平均株価は、一日で一二〇四円も急騰した。

一万六〇〇〇円台にまで暴落していた株価は、いったん窮地を脱することができた。証券会社幹部は「二年延期なら想定内でここまで上がらなかっただろう」と分析する。

安倍は賭けに出て、とりあえずは勝った。

だが、日本で初めて感染者が発見されてから首相自らが学校の一斉休校を要請するまでの四十二日間、首相官邸と厚生労働省は初動に失敗し、安倍政権は激しく動揺した。危機管理に強い、といわれてきた安倍官邸が、なぜスタートダッシュで躓《つまず》いてしまったのか。

「人人感染」を打ち消してしまった

それを知るには令和元年の大晦日まで遡らなければならない。中国湖北省武漢市当局が市内の医療機関で、二七人がウイルス性肺炎を発症したと発表したのがこの日だ。この時点で、当局は感染源などの詳しい状況や原因を明らかにしていない。

ちょうどこの日は、日産の元会長で刑事被告人の、カルロス・ゴーンがまんまと日本からレバノンに逃亡したことが明るみに出た日だった。「パンデミック」となって世界を震撼させることになるとは、日本政府関係者の誰一人として想像すらしていなかった。

実はこのとき、他国では危険を察知して動き出した防疫機関があったのである。それは後述する。

日を追って武漢市を中心に患者は増え続け、一月九日、中国国営中央テレビ（電子版）は、新型のコロナウイルスが発症者から検出されたと報じ、十一日には武漢市当局が原因不明のウイルス性肺炎で治療を受けていた男性が死亡したと発表した。死者が公になったのはこれが初めてだった。

厚生労働省が国内初の患者を確認したと発表したのは、その五日後だ。武漢市に滞在後、日本に帰国した神奈川県在住の中国人の三十代男性だった。武漢市当局の最初の発表からわずか二週間余りで日本にウイルスが侵入したことになる。

厚労省は濃厚接触者の確認に追われたが、記者会見をした担当者は「人から人に感染した明確な証拠はない。感染が拡大することは考えにくいが、ゼロではないので、確認を急ぎたい」と悠長なことを口にしていた。「証拠はない」と言い切るのは、はばかられたのだろう。「明確な」という言葉をつけることで逃げを打ちつつも、「人人感染」の可能性を打ち消したい、という思いがにじんでいた。

「ゼロではない」という表現は、「ゼロに近いがゼロとは言い切れない」ときに使う言い回しだ。要するに過小評価することで、大ごとにしないように努めたのだ。水際対策の甘さを恥じることはなく、武漢から帰国したのだから感染して当たり前といわんばかりだった。

世界を変えた一月二十日

武漢コロナウイルスが、真の意味で世界を揺るがせることになったのは、一月二十日夜だ。中国国家主席の習近平が「全力で感染防止に取り組まなければならない」と述べ、感染拡大を阻止するよう大号令をかけたのだ。感染者に関する情報も「ただちに発表しなければならない」と異例の指示を出した。

なにしろ二十日当時、中国・武漢の病院には患者があふれかえり、死者も加速度的に増えていたにもかかわらず、当局は「武漢での発症者は一九八人、死者三人、中国全土の感染者は二一八人」と実態とはかけ離れた数字を公表し、事態を隠蔽していたのである。

ちょうど二十日の午後六時から、私はニッポン放送の「ザ・フォーカス」という報道番組に出演していた。「ザ・フォーカス」は、プロ野球ナイター中継のない冬から春にかけての期間、パーソナリティをニッポン放送の森田耕次解説委員、アシスタントを増山さやかアナウンサーが務め、作家の佐藤優氏ら日替わりゲストとともに、日々のニュースを深掘りしようという番組だ。森田、増山のコンビネーションがよく、ゲストもついつい、建前でなく本音をしゃべってしまう。この日は武漢ウイルスのニュースがとりあげられ（順番は最後だったが）、二人と次のようなやりとりをした。

増山　（ニュースを読み上げ）武漢市の衛生当局は、新たに死者が一人出たと発表しました。これで死者はあわせて三人になりました。

乾　これねぇ、結構、怖いですよ。いまは、ヒトからヒトへの感染のリスクが低いと厚労省は言っていますが、ウイルスは突然変異する危険性もありますから。第一、中国当局の発表は、まったく信用できませんから。ずっと（感染者が）四〇人くらいで止まっていたでしょう。タイや日本でも感染者が出たのでようやく、（感染者数の発表が）二〇〇人までできましたが、本当はこんな数字じゃないはずです。悪いことに春節の季節をむかえたわけで。日本でいうと正月休みで、大勢の人が故郷に帰ったり、日本に来られたりする。大変なリスクなんですよ。

アメリカの空港は、武漢からの直行便が着くと、乗客を別室に隔離して一人ひとり聞き取りをしているんです。それをいま、日本はやっていない。やらないといけません。

いますぐに。広がってからじゃあ、遅いんです。危機意識が厚労省には薄すぎる。まったく他人事だと思っている。（世界で多くの死者を出した）ＳＡＲＳ（重症急性呼吸器症候群）みたいになる可能性は捨てきれないんです。

森田　中国当局は、検査と治療の体制を強化したというんですが、（一月二十日現在）一回も記者会見を開いていません。

乾　中国も一生懸命やっていると思いますよ。思いますが、（本当の）情報は隠しています。

森田　春節では、延べ三〇億人が中国の国内を移動する、といわれています。

乾　とりあえず、武漢にはあまり行かない方がいいです。

このやりとりがラジオで流れたのが、一月二十日午後八時過ぎだ。私は、この時点までの新聞・テレビ（中国のメディアを含む）が報じたニュースや厚労省のホームページなど公になった情報をもとにしゃべっただけだが、そういった限られた公式情報を集めただけでも武漢ウイルスが「結構、怖い」存在であると認識できた。ただ、武漢ウイルス禍が、ＳＡＲＳを遥かに上回る惨禍を世界中にばらまこうとは、知るよしもなかったが。

前出の「習近平指令」が、新華社を通じて発表されたのは、放送が終わってから二時間も経っていなかった。指令の内容は、ある意味、衝撃的だった。世界一の情報統制国家が「情報を公開する」というのだから、政治家たる者、よほどのことが中国の国内で起きていると直感しなければならない。この程度のことは、情報分析のイロハのイといっていい。

だが、厚労省にも、外務省にも、そして首相官邸にも危機感のかけらもなかった。

動かなかった首相官邸

習近平の指示が明らかになった翌日の二十一日、首相はようやく水際対策の徹底を指示した。しかしそれは、形だけだった。入国者の体調や日本での滞在先を把握するための「質問票」への回答を求めるなど、生ぬるいものだった。外務省は中国への渡航に注意を促す「感染症危険情報レベル一」を発表したが、レベル一は四段階の危険度の中で最も低く、〝注意〟にもなっていなかった。

この時点でも政府は、対策本部を設置していなかった。あくまで「関係閣僚会議」で対応しており、問題意識の低さを象徴している。

当時、厚労省の担当職員は武漢への渡航歴があるなど武漢と何らかの関係性があるケースを「武漢絡み」と呼んでいた。武漢絡みはいくら発生しても、感染源がわかっているのだから、慌てふためく必要はないと思っていたのではないか。

二十三日になって武漢が封鎖され、事態は深刻の度を増すのだが、安倍首相の目は、武漢に取り残された日本人を帰国させる「武漢邦人救出作戦」に向いていた。

その一方で、春節を利用して日本にやってきた多くの中国観光客の検疫はおざなりだった。横浜港に停泊したクルーズ船「ダイヤモンド・プリンセス」への対応は厚労省に任せっきりで、停泊当初に官邸が積極的に関与した形跡はない。

悪いことは重なるモノで、本来なら官邸で陣頭指揮に当たるはずの官房健康・医療戦略室長を務める和泉洋人首相補佐官は、週刊文春で厚労省の大坪寛子審議官との不倫疑惑が報じられたばかりだった。

大坪は、審議官として危機管理が担当で、和泉と海外出張した際、部屋の内部が扉でつながっている「コネクティングルーム」に宿泊したため、野党から国会で散々追及された。それでも物おじせずに答弁する姿は、野党が国会への出席を求めても応じない和泉に比べてはるかに堂々としていた。だが、危機管理という極めて神経をつかう仕事を遂行するに際してスキャンダルが支障をきたしたのは間違いない。ダイヤモンド・プリンセス内で数え切れぬ感染者、あまつさえ多数の死者を出してしまった事実が、何よりの証拠である。

局面変えたバス運転手

一月二十八日の出来事をもって局面は変わった。厚労省は、奈良県在住の六十代の日本人男性が感染したと発表した。この男性は武漢市への渡航歴はなく、国内で感染した初の事例、つまり初の二次感染だった。

男性はバス運転手で、一月上旬から中旬にかけて東京大阪間を、武漢市からやってきたツアー客を乗せて運転していた。

こんなツアー客が日本中に数えきれぬほどいたのは確かだ。日本人に感染しているとあっては、これまでの対策は機能していないと判断してもおかしくない。しかし、こうした事例が出てもなお、対策本部を設置しなかった。

武漢コロナウイルスをめぐる日本の主な動き

1月	
16日【第1局面】	武漢市を訪れた神奈川県在住の中国人男性の感染確認を厚労省が発表（国内初の感染者確認）
28日【第2局面】	武漢市への渡航歴のない奈良県在住の日本人男性の感染を厚労省が発表（国内初の人から人への感染）
29日	武漢市の在留邦人らを乗せた日本政府のチャーター機第1便が羽田空港に到着
30日	政府が対策本部を設置
	世界保健機関（WHO）が緊急事態宣言
31日【第3局面】	湖北省滞在歴のある外国人の入国拒否決定
	千葉県在住の女性バスガイドの感染を厚労省が発表（初の3次感染の疑い）
2月	
1日	日本で感染症法の指定感染症に
3日	クルーズ船が横浜港に停泊
13日【第4局面】	神奈川県在住の80代の日本人女性が死亡（国内初の感染者死亡）
18日	神戸大の岩田教授がユーチューブでクルーズ船内の様子を「ぐちゃぐちゃ」と語る
19日	クルーズ船の乗客下船開始
25日	政府が対策の基本方針を決定
26日	安倍首相が2週間のイベント自粛要請
27日	首相が全国の小中高校の臨時休校を要請
29日	首相が新型コロナに関する初の記者会見
	（26日〜29日）首相、前面に
3月	
11日	WHOがパンデミック（世界的大流行）を表明
26日	政府が改正新型インフルエンザ等対策特措法に基づく対策本部を設置

さすがに、厚労省は焦った。

加藤勝信厚労相は一月二十八日の厚労省の対策推進本部会合で、記者団が見守る中、この事例を報告し「疑似症サーベイランスの対象を含めて早急に見直しを図る」と宣言した。

疑似症サーベイランスとは、武漢コロナウイルスの感染の疑いのある人を医療機関が保健所に報告するシステムのことだ。つまり感染拡大を防ぐため、調査、監視を徹底させようというわけだ。

加藤の発言を耳にした記者たちは、会議室から記者クラブに駆け足で戻り、速報を打った。当然、省内に緊張が走ったが、その危機感は官邸にまでは届かなかった。

このとき官邸は何に気を取られていたのか。そう、一月二十八日は、湖北省に滞在する日本人を帰国させるため、チャーター機を派遣した日だ。チャーター機は翌二十九日に日本人を乗せて羽田空港に帰国した。官邸は「邦人救出作戦」で頭がいっぱいだったとされる。

ここでも外務省の動きは鈍く、首相が頼ったのは経済産業省出身の今井尚哉《たかや》首相補佐官だった。

官邸が帰国希望者の情報を集めるのに活用したのは経産省が所管する日本貿易振興機構（ジェトロ）だったという。

だが、日本人を連れ戻したはいいものの、その後の政府の対応はずさんだった。第一便で帰国した、感染が確認された無症状の男女二人は、千葉県内のホテルの別々の部屋に宿泊。泊まった部屋は相部屋だったのだ。厚労省の担当者は記者への説明会で、相部屋かどうか問われ、あっさり相部屋を認め、その表情、言いぶりは過ちを感じているとは、とても言えなかった。

ＷＨＯ頼りだった政府

政府は一月二十八日になってようやく、武漢コロナウイルスによる肺炎について感染症法で定める「指定感染症」に指定する政令を閣議決定した。

実は、その数日前、政府関係者は、世界保健機関（ＷＨＯ）が新型肺炎について「国際的に懸念される公衆衛生上の緊急事態」と宣言しなかったことから、「すぐに指定する必要はない」と語っていた。

いまでこそＷＨＯのテドロス事務局長は、中国べったりの人物なのは周知の事実となっているが、当時、そうした背景は一顧だにしておらず、ＷＨＯの動向ばかりを気にしていた。

ついでながら、政府はこの政令について、予定していた二月七日の施行を、一日に前倒しした。そもそもなぜ二月七日が施行日だったのか。これは法令関係の施行日は内容を周知させるため、交付から十日後としているからだ。このことを誰も問題視していなかった。国民民主党の玉木雄一郎代表らにせっつかれ、前倒ししたが、ここまで感染が拡大してもお役所仕事だったわけだ。

指定感染症に指定すれば、患者の強制入院が可能になるが、本人が拒んだ場合について担当者は「羽交い締めしてまで入院させることはできませんからねえ」と語っていた。はなから効力を疑っていては話にならない。態勢を整える重要性を認識していなかった。こんな生ぬるい状況が一月末になっても続いていた。

結局、政府が対策本部を設置したのは一月三十日。初会合で首相は「これまで実施してきた水際対策のフェーズをもう一段引き上げていく必要がある」と挨拶したが、緊迫感は感じられなかった。

一方、ＷＨＯは一月三十日の緊急委員会で「国際的に懸念される公衆衛生上の緊急事態」と宣言した。

これを受けて一月三十一日に過去二週間以内に湖北省に滞在歴のある外国人の日本への入国を拒否することを決めたが、これはＷＨＯの緊急事態宣言を待っての措置だった。これが一週間早かったら……。タラレバは禁物だが、独自の情報を持たず、中国に毒されたＷＨＯ頼りの結果がこれである。

つまり、①ＷＨＯに追随しておけば問題ないという受け身の姿勢②国内感染者について「武漢絡み」なら感染経路はわかっているのだから、慌てる必要はないという誤った楽観主義。厚労省の対応が遅れた原因は、この二つに集約される。

そして、ついに「武漢絡み」以外の事例が発生した。

厚労省は一月三十一日、千葉県在住の二十代の女性バスガイドの感染が確認されたと発表した。この女性バスガイドは中国・大連からのツアーに参加しており、奈良県のバス運転手と同じバスで移動していた。

一次感染のツアー客からバス運転手へ二次感染し、バス運転手から女性バスガイドへと三次感染。そんな流れをたどった可能性は高い。

政府は一月三十一日に湖北省に滞在歴がある外国人の入国拒否を決めたが、「大連からのツアー客に感染者がいたとしたら」と想像力を働かせるべきだった。ワンテンポ遅れている。

情報戦でも負ける

首相官邸にとってクルーズ船「ダイヤモンド・プリンセス」の存在は、国内対策を進める上で、「足かせ」となった。

政府から対応を丸投げされた厚労省は、右往左往するばかりだった。

クルーズ船が横浜港に停泊したのは二月三日夜。厚労省は感染の有無を調べるウイルス検査を乗客・乗員全員に行うかどうかをめぐって、判断は揺れに揺れた。

厚労省はチャーター機三便の帰国者計五六五人には症状の有無にかかわらず、全員のウイルス検査を行った。

武漢市やその周辺に滞在した帰国者は事実上の濃厚接触者と判断したためだ。このうち二人は当初、検査を拒否するというハプニングもあったが。

これに対し、クルーズ船については、発熱などの症状がある人とその濃厚接触者に限定した。乗客乗員が約三七〇〇人にも上り、全員に検査を行うのは、検査体制上極めて困難という理由からだった。

ただ、検査を有症者らに絞っても、感染は拡大するばかりで、乗客に不安が募った。全員検査をするのかどうかに焦点を当てる報道も相次ぎ、厚労省は二月十五日、全員検査に方針を転換させた。それは戦略なきまま世論の流れに身を委ねる、悲しき役所の姿そのものだった。

当初ウイルス検査の対象となった二七三人分の結果がすべて判明し、感染者数が六一人に上ったことが二月七日、明らかになった。

報道各社が国内の感染者とクルーズ船内の感染者を区分けせずに計八六人に拡大したと報じると、厚労相の加藤は周囲にこう漏らし、渋い表情を浮かべた。

「国益に反する。海外から日本は感染者が急増していると見られてしまう」

そんなところに神経をすり減らしている場合ではないはずなのだが、あくまで区分けすることにこだわり、ＷＨＯにも分けてカウントするよう求めた。

これに先立つ二月五日夜、厚労省は厚労記者会の加盟各社に一枚のＡ四ペーパーを配り、担当者が記者に説明を行った。

記者会が要請したわけでもなく、また、急ぎの資料というわけでもないにもかかわらず、突然夜遅くに記者説明会を行ったことに、報道陣は思惑をかぎ取った。

そこに書かれていたのは、ウイルス検査の陽性者数や有症者数などが表になったものだった。しかし、その数字は「国内事例（チャーター機を除く）」と「チャーター機帰国者事例」だけで、クルーズ船の感染者数については書かれていなかった。「国内事例にクルーズ船は絶対に含めない」という強い意思の表れだった。

そもそも厚労省は、そんなくだらない発信をしている場合ではなかった。

クルーズ船内で何が行われているのか、どのような感染防護対策が取られているのかを丁寧に説明すべきだった。肝心の情報をオープンにしなかったがために、ある一人の医師によって、日本の感染症対策が遅れているというイメージが世界に拡散された。これこそ国益を損ねたと言ってよい。情報発信における痛恨のミスだ。

医師の名は、神戸大感染症内科の岩田健太郎教授。

役所の壁という高いハードルをくぐり抜けて船内に入ることに成功し、二月十八日にユーチューブで「ダイヤモンド・プリンセスの中はものすごい悲惨な状況で、心の底から怖いと思いました」「ぐちゃぐちゃになっていて、どこが危なくて、どこが危なくないのかまったく区別がつかない」とあけすけに語った。この発信に海外メディアが飛びつかないはずはなかった。

厚労省はその後の記者会見で、同省の要請で乗船した国際医療福祉大の和田耕治教授を臨席させた。和田は岩田の見解を否定したが、後の祭りだった。

船内で起きた集団感染を前に、説得力を持ったのは岩田の主張だった。事実、感染した検疫官は船内で防護服やゴーグルは着用していなかったのである。

三月十八日夜のＮＨＫ「ニュースウオッチ９」。「検証クルーズ船　自衛隊の感染防護は」と題した特集は厚労省幹部を刺激した。

「ダイヤモンド・プリンセス」が接岸した横浜の埠頭に設けられた政府の現地対策本部で、副本部長を務めた防衛省の町田一仁審議官は、防護対策を徹底させ、自衛隊から一人も感染者を出さなかったことに胸を張った。

この特集は検疫官を感染させてしまった厚労省の対応の甘さを浮き彫りにした。防衛省と厚労省で感染防護のノウハウが共有されていなかったのである。

ぼやく加藤厚労相

二月十三日にはウイルス検査を受けていた神奈川県内の八十代の日本人女性が死亡した。女性は死後に陽性が確認された。報道各社は「国内初の死者」「新局面」などと大々的に報じた。

このころ、国内対策とクルーズ船対策の両方にあたっていた厚労省の職員に疲労が蓄積し、同省が単独で対応にあたる限界を超えていた。

それでも首相が前面に出ることはなく、情報発信は主に加藤厚労相が担った。

政府は二月二十五日に対策の基本方針を決定。これは各省庁から上がってきた対策をまとめたもので、厚労省だけで作成したものではないにもかかわらず、発表したのは加藤だった。このとき加藤は「なんで俺が……」と周囲にぼやいた。

基本方針は政府の対策本部会合で決めたものだが、会合が終わってもすぐに報道各社に配られるわけでも、官邸のホームページ（HP）にアップされるわけでもなかった。

数時間後にようやくホームページにアップされ、時をほぼ同じくして加藤の記者会見が始まるという有様だった。

ふたを開けてみると、会見の内容は実にわかりにくく、「感染拡大防止策」「医療提供体制」「国内での感染状況の把握」などの項目の下に「現行」と「今後」に分けて文章が無機質に綴られていた。

いかにも「官僚が作りました」といわんばかりの代物で、インパクトはなかった。あまりの評判の悪さに、首相がついに前面に出た。

安倍は、二月二十六日の対策本部会合で、多数の人が集まる全国的なスポーツ、文化イベントに関して二週間は中止、延期、規模縮小の対応を要請した。

前日に決めた基本方針には「イベント等の開催については、現時点で全国一律の自粛要請を行うものではない」としていたが、それを一日で覆すものだった。翌二十七日の対策本部会合では全国の小中高校などで「春休みまで」休校とするよう要請した。

これは、今井補佐官が主導し、独断でまとめた対策だった。自民党への根回しがなかったばかりか、関係する閣僚にも詳細は知らされていなかった。自民党幹部からは公然と不満が続出したが、ウイルス禍の前に後手、後手にまわっていた首相官邸が、初めて反転攻勢に移った瞬間だった。

首相は二月二十九日に、武漢コロナウイルスに関する初めての記者会見を開いた。日本で初感染者が出てから実に一カ月半の時間が流れていた。

矢継ぎ早の政策発表はその後も続き、三月五日の会合では中国や韓国などからの入国制限を強める水際対策を決めた。一カ月半以上の後れを取り戻すためにギアを入れた。

野党は国会で、これらの政策に「科学的根拠は？」と問い続けたが、そんなものはあろうはずがなかった。あったのは今井の献策と首相のカンだけだった。

政府の専門家会議は三月十九日夜、提言をまとめた。その中にこんな一節がある。

「オーバーシュート（爆発的患者急増）が始まっていたとしても、事前にはその兆候を察知できず、気付いたときには制御できなくなってしまうというのが、この感染症対策の難しさだ」

記者会見した専門家会議副座長の尾身《おみ》茂・地域医療機能推進機構理事長は、「このウイルスはしたたかなウイルスだ」と表現した。政府はウイルスの性質についても、想像力を膨らませることができなかった。致死率約二％という数字に引っ張られたともいえる。

今回の事態は、役人任せでは危機を乗り越えることができず、リーダーの指導力や政治決断がいかに大事かということを如実に示した。とはいえ、その政治も想像力が働かなければ何もできない。一国の宰相の資質が国民の生命を左右することを、東日本大震災の際に感じたはずの日本国民は、いま改めて、身に染みて感じているのではないか。

だが、安倍官邸が初動を誤った真の原因は、別にあった。それは次章で書く。

第二章　国賓の呪縛

安倍官邸はなぜ、武漢コロナウイルス対策の初動で失敗してしまったのか。

第一章で指摘したように情報感度の鈍さと主管官庁である厚労省のもたつきが、大きな要因ではあるが、入国管理政策が失敗した最大の要因は、四月に迫った中国・習近平国家主席の「国賓来日」を予定通り実行しようとしたことにあるのは間違いない。習近平の訪日延期が発表された三月五日、その同じ日に中国本土からの入国制限が発表されたのは偶然ではない。

武漢封鎖でも粛々と準備

官邸サイドは「習近平国賓」主因説を否定するが、「もちろん、配慮せざるを得なかった」と外務省関係者は明かす。

令和二年一月二十三日の武漢封鎖後、取り残された在留日本人救出のためにチャーターした全日空機には、マスクや防護服をはじめ救援物資が山積みされ、次々と武漢市内に運ばれた。これを中国メディアが大々的に報道し、日中友好ムードを盛り上げた。

もちろん、中国の新聞やテレビ、ネットニュースに至るまで、「共産党の口と喉」（宣伝機関）であり、その傾向は習近平体制になってより強まっている。

一連の中国での報道は、習近平訪日を盛り上げるためのフレームアップに過ぎないのは、日本側もわかってはいたが、武漢は別として世界に先駆けて中国全土からの入国制限を発表した途端、せっかくの友好ムードをしぼませるどころか、逆に反日感情を増幅させることになるのでは、という懸念が政府内に強くあった。さらに、春節で日本を訪れる観光客すべてをストップさせれば、観光業界のみならず、中国人の「爆買い」頼みになっていた百貨店など小売業界にも大打撃を与えることは自明の理だった。

自民党内の危機意識も極めて薄かった。「ヒゲの隊長」で知られる元自衛官の佐藤正久参院議員はこう証言する。

「当時の自民党の会議でも多くの医師や看護師出身の議員の口癖は、『そんなに騒ぐ必要はない』でした。私はある京都出身の国会議員から『京都は観光で成り立っている。入国禁止などしたら、大変なことになる、もっと落ち着け』とたしなめられたほどでした」

（「月刊正論」令和二年五月号）

二月に入っても習訪日について記者会見で聞かれるたびに、茂木《もてぎ》敏充外相も菅義偉《すがよしひで》官房長官も口をそろえて「準備を粛々と進める」と繰り返すのみだった。

後述するが、「国賓」は外交上、極めて重い意味を持つ。外交慣例では、いったん「国賓」としての来訪を相手側に伝え、合意してしまうと、よほどの事態が起きない限り、ホスト側から「やっぱりやめました」とはいえない。

一方、中国側は国家主席の訪日を変更なく実現させようとしていた。ウイルス禍を三月末までに抑え込み、予定通り訪日日程をこなすことで「コロナから立ち直った中国」を世界にアピールしようともくろんでいたのである。同時に、米中貿易戦争が続く中、コロナウイルスに協力して立ち向かう日中の絆をみせつけることで、日米同盟にくさびを打ち込もうとする狙いもあったのは間違いない。

二月六日には、中国外交部の先遣隊が極秘裏に来日し、歓迎行事が行われる予定の迎賓館などを見て回った。

二月十八日には外務省の滝崎成樹《しげき》アジア大洋州局長が北京を訪れ、中国外交部の呉江浩《ごこうこう》アジア局長と会談し、感触を探ったが、ラチがあかなかった。

習近平訪日計画は、武漢封鎖後も二月中旬まで粛々と進行していたのである。

ようやく延期の方向が固まったのは、二月二十六日になってから。茂木外相と中国の王《おう》毅《き》外相との電話会談で「しっかりと成果があがる訪日にする必要がある」との認識で一致したが、正式な延期発表は三月にずれこんだ。

習近平主席を国賓として招請してしまったために、武漢封鎖から中国全土からの入国禁止まで、実に一カ月半近くの月日を要したのである。

「価値観外交」を捨てる

G20サミット出席のため大阪を訪れた習主席に対し、安倍晋三首相が直接、令和二年春に国賓として来日してほしい、と招請したのは、令和元年六月二十七日のことだった。

国賓とは、「政府が儀礼を尽くして公式に接遇し、皇室の接遇にあずかる外国元首やこれに準ずる者」というのが正式な定義である。

「外国元首やそれに準じる者」だからといって、誰でもが国賓として扱われるわけではない。

国賓ともなれば、迎賓館で行われる格式ばった歓迎行事に始まり、ご会見、宮中晩餐会と大がかりな「接遇プロジェクト」が組まれ、費用もバカにならない。

誰を国賓にするか、という選定も外交上、大変な〝難事業〟である。皇室とゆかりのあるイギリスやオランダなどの王族は別にして、その他の外国元首を国賓とするかどうかは首相官邸と外務省が選別した後に、宮内庁と協議し、最終的に閣議で決定される。

平成二十二年から令和元年までの十年間では、平成二十六年に三人の元首（ベトナム、アメリカ、オランダ）を国賓として迎えたのは例外で、一年に一人か、多くても二人の元首に絞っている。

令和最初の国賓は、トランプ米大統領で、次は国の格からいっても中国が妥当、という単純なものではない。平成最初の国賓は、ジンバブエ大統領（平成元年）で、続いてはタンザニア大統領だった。

では、なぜ習近平が令和二人目の国賓に決まったのか。

安倍晋三首相自身が、第一次政権から基軸にしていた「価値観外交」を捨て、米国・トランプ政権との盟友関係を基軸に置きながらも民主主義や自由の尊重といった価値観を異にする中国やロシアにも秋波を送る「バランス外交」に大きく舵を切ったからだ。

谷内正太郎という男

「最後の国士外交官」といわれた初代国家安全保障局長、谷内《やち》正太郎が、ひっそりと首相官邸を去ったのは、首相が習近平に国賓としての訪日を招請してからわずか二カ月半後の令和元年九月十三日のことである。

谷内は、第一次安倍政権のとき、麻生太郎外相のもとで外務事務次官を務め、「価値観外交」を立案、推進した。

価値観外交とは、自由、民主主義、基本的人権、法の支配、市場経済といった「普遍的価値」を共有する国々と連帯、あるいは支援していこうという外交である。

それを具現化したのが、「自由と繁栄の弧（The Arc of Freedom and Prosperity）」という概念だ。簡単に言えば、日米同盟を基軸に、インドや東南アジア諸国連合（ASEAN）、中央アジア諸国の一部と組んで事実上の中国包囲網を敷こうという日本外交としては珍しく野心的なプランだった。

第一次安倍政権が、参院選敗北と首相の病によってあっけない終幕を迎え、あとを継いだ福田康夫政権は中国に軸足を移す「親中外交」に舵を切り、谷内もほどなく事務次官を退任した。「価値観外交」はいったん不完全燃焼で終わらざるを得なかった。

「価値観外交」が息を吹き返したのは、民主党政権が倒れ、安倍晋三が「奇跡の復活」を成し遂げて第二次政権を発足させた平成二十四年暮れのことである。

安倍は、既に役人生活を終えていた谷内を内閣官房参与として呼び戻し、初外遊先にベトナム、タイ、インドネシアというＡＳＥＡＮの有力国を選んだ。

まさに「自由と繁栄の弧」を形成する三カ国であり、安倍は次の五項目からなる安倍ドクトリンを発表した。

- 自由、民主主義、基本的人権等の普遍的価値の定着および拡大に向けて、ＡＳＥＡＮ諸国とともに努力していく
- 「力」ではなく「法」が支配する自由で開かれた海洋は公共財であり、これをＡＳＥＡＮ諸国とともに全力で守る。米国のアジア重視を歓迎する
- さまざまな経済連携ネットワークを通じて、モノ、カネ、ヒト、サービスなど貿易および投資の流れを一層すすめ、日本経済の再生につなげ、ＡＳＥＡＮ諸国とともに繁栄する

・アジアの多様な文化、伝統をともに守り、育てていく
・未来を担う若い世代の交流をさらに活発に行い、相互理解を促進する

ＡＳＥＡＮの地で、明確な形で「価値観外交」が復活した瞬間だった。

そして、平成二十六年正月、日本版ＮＳＣと呼ばれ、鳴り物入りで新設した国家安全保障局の初代局長に谷内を据えたのである。

そこまで安倍が信頼を寄せた谷内はどんな人物なのか。

谷内は自らの業績を吹聴するタイプの外交官ではなく、著作も少ない。

唯一、自らの半生と業績を語っている本が、『外交の戦略と志　前外務事務次官谷内正太郎は語る』（平成二十一年、産経新聞出版）である。

外務事務次官を退官した直後に、当時外務省詰め記者だった産経新聞の高橋昌之記者が本人に長時間インタビューし、聞き書きしたものだが、大変興味深い。

谷内は終戦前年の昭和十九年、石川県金沢市に生まれ、富山で育った。係累に外交官や政治家、政府高官といった〝上流階級〟は誰一人としていない。昭和三十七年、富山中部高校を卒業後、東京大学法学部に進学した。

東大一年生の秋、友人に誘われ入会した「土曜会」という読書会で、後の人生に大きな

影響を受けることになる人物と出会う。

当時の大学は安保闘争の余燼がくすぶり、学生サークルも左翼全盛だった。そんな風潮に反発した学生たちが河合栄治郎や小泉信三といったリベラルな学者の影響を受けてつくったのが、「土曜会」である。佐々淳行や粕谷一希もメンバーである。その土曜会の中心的存在が、後に佐藤栄作首相の密使として沖縄返還に重要な役割を果たした若泉敬だった。

若泉は当時、防衛研修所の教官だったが、谷内曰く「一言で言えば至誠の人だった。彼の存在、生き方自体が、私には大きな風圧というか凄みを感じさせた」と振り返るほど傾倒した人物で、外務省に入省した直後、寮に入れなかった谷内は、一年間も荻窪にあった若泉の家に居候した。

「外交の基本は、国際舞台で国益を追求することだ。ただし、自国だけ良ければいいという近視眼的なやり方では、国益を守ろうとしても守れないし、伸ばすものも伸ばせない。国際公益との整合性を保ちながら、国益を追求することが基本だ」（『外交の戦略と志』より）という終生変わらない彼のポリシーは、若泉の薫陶を受けた賜物といっても過言ではない。

とはいっても、「土曜会」に入ってすぐに外交官を目指したわけではない。

本人曰く、モラトリアム人間のはしりで、大学の四年間で進路を決められず、大学院に進学したはいいが、指導教官二人がそろって長期入院し、まったく教えてもらえなかった。そこで大学院二年生のときに方向転換し、外務省を受けたものの不合格となり、翌年合格した。このころの外務省キャリア組は東大か京大の三年生で合格し、中退して入省する者が結構多く、ひとり老けていたという。

そんな省内で異端だった彼が、事務次官にまで上り詰めたのは、実力もさることながら北朝鮮による日本人拉致事件の影響もまた大きい。平成十七年一月の人事で、ときの小泉純一郎首相は、小泉電撃訪朝の功労者である田中均外務審議官を充てようとした。

前出の高橋記者によると、これに強く反対したのは当時、自民党幹事長代理を務めていた安倍晋三である。北朝鮮寄りとみられていた田中を事務次官に起用すれば、拉致問題は北朝鮮ペースで幕引きされると危惧したのだ。それでも小泉が意見を変えないとみるや、安倍は外相だった町村信孝、それに小泉が閣内で唯一、言うことを聞いた総務相だった麻生太郎とタッグを組み、ついに撤回させた。代わりに三人が推薦したのが、北朝鮮強硬派で官房副長官補だった谷内で、小泉も受け入れた。つまり、小泉訪朝と安倍・麻生のタッグがなければ、谷内次官は誕生しなかったのである。

それほどまでに安倍─麻生─谷内ラインは強固だったが、米国第一主義を掲げ、国際協調なぞくそ食らえという態度を露骨に示すトランプ米大統領が登場すると、「価値観外交」に陰りが見え始めた。しかも政権発足当初、トランプは習近平を褒めあげていた。このままでは、日本を外した米中蜜月もあり得る、バスに乗り遅れないよう日中関係の「正常化」こそ急務だ、と危機感を抱いていたのが首相秘書官の今井尚哉だった。

北京での「親書書き換え事件」

第二次安倍政権で、初代の国家安全保障局長となり、外交・安全保障の司令塔となった谷内だが、「安倍一強」体制が固まるにつれ、「影の総理」と呼ばれるようになった今井首相秘書官が、外交分野にも影響力を行使し始めたのもこのころだ。突き詰めれば中国包囲網の側面をもつ「価値観外交」からの転換に動き出したのだ。

象徴的だったのが、平成二十九年に起きた「親書書き換え事件」である。

この年の五月、中国を訪問した自民党の二階俊博幹事長は、安倍首相の親書を携えて中国の習近平国家主席と面会したが、この親書が幹事長に同行した今井によって肝心な部分が書き換えられた、というのである。

そもそも自民党幹事長の外遊に首相秘書官が同行するのは、極めて異例である。当時は「安倍がお目付役として今井をつけた」という情報が流れたが、実際は二階が首相に頼み込んで今井を同行させることになったのが、真相だ。

今井は、二階が経産大臣を務めたとき、大臣官房総務課長として仕えた。作家の大下英治は二人の関係をこう活写する。

「(二階は) 中国とのパイプは、日本の政治家で一、二を争うといっても過言ではない。国内で力があるだけに外交力も発揮できる。この時、今井は感じたのである。『外交力とは、結局、内政力である』こうして二階は、今井が常に意識し、頼りにする政治家となったのである」(『ふたりの怪物　二階俊博と菅義偉』より)

首相の親書は、外交上重要な文書で、それまで安倍政権では最終的に谷内がチェックしていた。

関係者によると、書き換えられたのは、政治問題となっていた中国主導のアジアインフラ投資銀行（ＡＩＩＢ）に関するくだりだ。谷内の承諾を得ず、日本が参加することに前向きな表現が、二階の意向を受けた今井によって、盛り込まれたという。

ＡＩＩＢは、中国が推進する「一帯一路」を金融で支える尖兵の役割を果たしており、「価値観外交」を推進する谷内は、「中国の覇権拡大につながる」と参加に絶対反対の立場だった。

対する今井は、「一帯一路は日本企業にも利益になる。日本も積極的に協力すべきだ」という二階の主張を全面的に支持していた。欧州各国も次々と参加を表明しつつあったＡＩＩＢにも「バスに乗り遅れるな」というわけだ。

書き換えを知った谷内は激怒し、「こんなことじゃあ、やってられません」と辞表を首相にたたきつけたとされる。結局、安倍の慰留によって職にとどまったが、谷内と今井の関係が修復することは二度となかった。

谷内が中心となって進めてきた北方領土返還交渉も暗礁に乗り上げた。父の安倍晋太郎がなし得なかった日露平和条約締結をなんとしても成し遂げたい安倍は、次第に鈴木宗男らが唱える実質的な「二島返還論」に与《くみ》するようになり、ついには官邸を去ることになった。いまや「価値観外交」「自由と繁栄の弧」もすっかり死語と化してしまった。

谷内の後任には、警察庁出身で内閣情報官を務めていた北村滋が起用された。

初代国家安全保障局長ポストをめぐっては、警察庁と外務省、それに安全保障の本家である防衛省が食指を動かし三つどもえの争いになったが、省庁間のパワーバランスでいまだ劣勢の防衛省は早々と降りた。警察庁と外務省の一騎打ちとなり、最終的に安倍は、谷内に軍配を上げたが、六年近くの歳月を経て警察庁が巻き返した格好だ。

北村は内閣情報官として首相執務室に足繁く通い、安倍の信頼を獲得しつつ、谷内と対中政策や日露交渉で対立を深めていた今井ともタッグを組んで念願のポストを掌中にした。

「日本版ＮＳＣは、谷内時代とがらりと変わるだろう。外務省の出番はますますなくなる」と、元外務省高官は嘆く。

「親書書き換え」事件以来、安倍外交は「親中」路線に舵を切り、仕上げが、習近平の「国賓訪日」だった。しかし、そのために、コロナ対応を遅らせることになった責任を問う声は、官邸のどこからも出ていない。

バラバラになった三本の矢

武漢コロナウイルスの初動対応が失敗した原因はほかにもある。平成二十四年暮れの第二次安倍政権発足以来、安倍首相を支えてきた首相官邸の「三本の矢」体制が崩れてしまったからだ、と私は考える。

安倍首相を支えてきた官邸の「三本の矢」とは、官房長官の菅義偉、首相秘書官の今井尚哉、それに令和元年まで国家安全保障局長を務めていた谷内正太郎の三人である。

政権発足直後から平成二十九年春に森友学園と加計学園問題（いわゆるモリ・カケ問題）が表面化する頃までは「三本の矢」体制は、多少のぎくしゃくはあったにせよ、曲がりなりにも機能していた。

官房長官の菅が、大臣を務めた総務省はもちろんのこと幹部人事権を握っている強みをいかして全省庁ににらみをきかせ、首相秘書官の今井は「平成の柳沢吉保」と陰口をたたかれながらも首相の「側用人《そばようにん》」として官邸官僚たちをまとめあげ、国家安全保障局長の谷内は、外務事務次官の経験を発揮して「首相の名代」として各国を隠密裏に飛び回った。

内政全般を菅、首相のこまごまとした日程管理と経済政策は今井、外交・安全保障は谷内と、互いに牽制しながらも勢力分野を棲み分け、「三本の矢」という神輿《みこし》の上に安倍晋三が乗るというバランスがとれた権力構造だった。

ところが、朝日新聞や野党が「モリ・カケ問題」での攻勢を強めた平成二十九年初頭ごろから「三本の矢」の結束が揺らぎはじめた。

今井は「モリ・カケ問題」に強い危機感を抱いていた。

特に加計学園の獣医学部新設問題では、自らに火の粉がかかりかねない厳しい立場に立たされた。

加計学園問題とは、加計学園グループの岡山理科大学が、獣医学部を愛媛県今治市に新設する経緯をめぐって、安倍首相と加計学園の加計孝太郎理事長との親密な関係から首相官邸が「特別な便宜」を図ったのではないか、という疑惑が浮上し、野党や朝日新聞などが激しく追及した問題である。

森友学園問題も文書改ざんを命じられた近畿財務局の職員が事件の表面化後に自殺、彼の遺書を遺族が令和二年三月になって公開するなど、いまなお安倍首相を悩ませているが、今井にとっては加計学園問題の方が厄介だった。なぜなら、同じ経済産業省出身でエネルギー畑を歩んだ直系の後輩である柳瀬唯夫秘書官（当時）が窓口役になって、平成二十七年春に加計学園担当者や学部予定地の愛媛県、今治市の担当者と首相官邸で面会し、愛媛県側が作成した面談記録に「本件は首相案件」と柳瀬秘書官が発言していた、と明記されていたのである。後に国会に参考人招致された柳瀬は、加計学園関係者と三回面談したことを認めている。

首相官邸の仕組みを少しでも知っている人間なら、各省庁の代表選手として送り込まれている秘書官が、上司の指示や許可なくして中央省庁の役人でもない人物と何度も首相官邸で面談すること自体、常識的にはない。柳瀬の直属の上司は、今井である。

平成三十年五月、国会に参考人招致された柳瀬は、厳しい野党の追及に「今治市の個別プロジェクトが首相案件になると申し上げるとは思いません」「総理に対し（加計学園関係者との面会の内容を）報告したことも指示を受けたことも一切ない」などと冷静に答弁し、かわした。

だが、首相秘書官退任後に出身母体の経産省に戻り、次官候補である経済産業審議官となっていた柳瀬は、次官の道を絶たれ、参考人招致から二カ月後に退任した。「いわば、人身御供《ひとみごくう》のようなもの。柳瀬さんは気の毒だ」という声を当時、彼の出身である経産省のみならず、他省庁の官僚からも聞いた。

一方、加計問題では、第二次安倍政権発足以来、冷静沈着に数々の危機を乗り切ってきた菅の手法に狂いが生じた。

文部科学事務次官を「天下り斡旋問題」の責任をとらせられるという不本意な形で更迭された前川喜平が、退任後に「これは総理のご意向」などと記された加計学園の獣医学部新設計画に関する文科省の文書の存在を確認したのである。定例の官房長官記者会見でも、安倍政権に敵意をむき出しにした東京新聞の望月某記者の質問攻勢に声を荒げる場面も増え、「もっとうまくやってくれれば」という不満が、今井サイドに募っていく。

すきま風吹く首相官邸

この頃から第二次政権発足以来、安倍を官房長官として支え続け、強い権限と権力を持つようになった菅と第一次安倍政権で首相秘書官を務め、忠節を誓ってきた今井との間にすきま風が吹きすさぶようになった。

菅は記者会見や講演といった公的な発言をしなければならない場面だけでなく、各社の番記者たちとの懇談の場でも一度たりとも「ポスト安倍」に明確な形で意欲を示したことはない。

菅が政治の師と仰ぐ梶山静六は、橋本龍太郎政権で官房長官を務めた。宮沢政権で自民党幹事長を務めた経験もあり、政治的キャリアからも首相をもしのぐ実力者といわれていた。ところが、親しい記者とのオフレコ懇談などで「ポスト橋本」への意欲を隠さなくなったころから橋本首相との関係が悪化し、官邸から去り、その後に派閥を飛び出して自民党総裁選に出馬するも敗北した姿を身近でつぶさに見てきた。

その経験から引き出した「ナンバー二は黒子に徹すべし」という〝教訓〟を実践してきた、はずだった。

とはいえ、永田町では権力のあるところ門前市をなす。官房長官室に集まってくる政治家や各省庁の官僚や新聞記者たちによって「菅待望論」が醸成され、メディアが面白おかしく書き立てる。

当然、首相の耳にも入ってくる。決定的だったのは、平成最後の平成三十一年四月十三日に新宿御苑で開かれた「桜を見る会」だった。この年の「桜を見る会」は、年をまたいで安倍政権を苦しめることになるのだが、同年四月一日の新元号発表記者会見以来、「令和おじさん」と呼ばれ、一躍時の人となった官房長官に握手を求める来場者の列が首相よりも長かった。

「桜を見る会」は、本人が好むと好まざるとにかかわらず、「ポスト安倍」の有力候補に菅が躍り出たことを強烈に印象づけた。

菅にとって不幸だったのは、当時、「ポスト安倍」候補に強力な本命が不在だった政治状況である。

佐藤栄作ら歴代首相の指南役として知られる陽明学者の安岡正篤が名付け親の自民党内で最も長い歴史を誇る派閥である宏池会の領袖となり、有力閣僚である外務大臣を長く務めた後、自民党政調会長という党三役を射止めて経歴は申し分のない岸田文雄が、万事に影が薄いのはご存じの通り。岸田政権が実現した場合、何を目指すのか、岸田派の政治家に聞いてもよくわからない。

岸田が、実は一升酒を辞さないほどの酒豪で、飲めば話も弾むという実像が世間に伝わっていない。

早い話、ブレーンがあまりおらず、発信力が弱いのだ。

「岸田待望論」が岸田派内でも盛り上がっておらず、その没個性ゆえに安倍から寵愛を受けているのは皮肉な話ではある。

石破茂は、どの新聞社やテレビ局の世論調査でも「次期首相候補」ナンバーワンに名前が挙がり、地方党員にも人気もあるのだが、いかんせん自民党総裁選で決め手となる国会議員の支持がまったく広がっていない。むしろ石破派の構成員は、首相サイドの切り崩しにあって全盛期よりも減っている。

外務大臣から防衛大臣に横滑りし、首相からも「将来の宰相候補」のお墨付きを得ている河野太郎も意欲満々なのではあるが、こちらも国会議員の支持がほとんどない。それ以前に、まだまだ政治経験が不足しているのは間違いない。

一時期は人気が高かった小泉進次郎も環境大臣に就任するや否や底の浅さを露呈した。大臣になったことで取材もし易くなって週刊誌の格好の標的となり、私的な宿泊費を政治資金で賄っていた疑惑も浮上し、支持率も急降下してしまった。

そうした中、第一次政権を病気で投げ出した安倍にもしものことがあったら、菅は労せずして「宰相」の座が転がり込んでくる、そうでなくとも本命不在の「ポスト安倍」レースの勝者には菅がふさわしい、という空気が永田町に漂い、さっそく週刊誌が取り上げるようになった。

はずされた内閣の要

ナンバーワンは自ら引き上げたナンバー二が実力を発揮し始めると、嫉妬し、ナンバー二に寝首をかかれないよう自衛し、彼の栄達を妨害するようになるのが、世の常である。池田勇人政権の官房長官を務めた大平正芳、田中角栄政権の最後の官房長官となった竹下登、竹下登政権で官房副長官として仕えた小沢一郎などなど枚挙にいとまがない。

安倍も菅に対し、誰の目にもわかる形で距離を置き始めた。

令和元年の内閣改造で、菅に近い菅原一秀を経済産業大臣、河井克行を法務大臣に起用したが、各々のスキャンダルが明るみに出ると、間髪を入れず、更迭した。

検事定年延長問題で野党攻勢の矢面に立たされ、「東日本大震災のとき、検事が勝手に逃げた」などと、トンチンカンな答弁を繰り返した森まさ子法相を更迭せず、厳重注意にとどめたのとは対照的な扱いだった。

武漢コロナウイルス禍でも安倍は、露骨な人事を断行した。

首相が「緊急事態」を宣言し、都道府県知事が大規模イベントや学校休校、外出制限を要請・指示できるようにする新型インフルエンザ等対策特別措置法改正案の担当大臣に、内閣の要である官房長官の菅ではなく、畑違いの西村康稔経済再生担当相を起用したのである。

安倍は以前から経産省出身で頭の切れる西村を高く評価していたとはいえ、早い話、「国難」といえる国家の重大事への対処に臨んで、内閣の要であるはずの菅をはずしたのである。

渡辺恒雄主筆の号令一下、安倍政権を擁護してやまない読売新聞でさえ、「首相危機管理に腹心　菅長官存在感薄く　『ポスト安倍』思惑隔たり」（令和二年三月十五日付朝刊）という記事を掲載したほどだ。

安倍と菅の関係は、派閥は違えども、自民党総裁選で党員票に勝る石破茂を破り、総選挙では民主党を打倒して強い絆を築いた第二次政権発足当初からは、想像できないほど冷めた関係になったのである。

東京都知事が不要不急の外出自粛を求め、武漢コロナウイルス禍をめぐって政府が緊急事態を宣言するかどうか、緊張の日々が続いていた三月二十九日、菅は沖縄に飛んだ。

那覇空港第二滑走路の供用開始式典に出席するためだが、コロナ対応に比べれば、「不要不急」の感は否めない。

それでも、なぜ菅は沖縄に行かねばならなかったのか。

「官房長官は開き直ったのではないか」

コロナ禍の水面下で、「ポスト安倍」をめぐる静かな、そして激しい駆け引きが始まった。

第三章　国会、本日も機能せず

武漢コロナウイルスの猛威の前に国会もまた、無力だった。

ウイルスの脅威が表面化した当初、ほとんどの国会議員に「いま、そこにある危機」への感度が鈍かった。というよりもまったくなかった、と断言しても言い過ぎではない。

確かに、令和元年（二〇一九年）十一月に発生したといわれる武漢コロナウイルス禍は、中国政府の情報隠蔽によって令和二年（二〇二〇年）一月中旬まで全体像が見えなかった。しかし、一月十六日には日本国内で初めての感染者が確認され、潮目が変わった。これまで海の向こうの災難と感じていたであろう大多数の国民は、新聞やテレビ、ネットでニュースを知り、見えないウイルスにいいしれぬ不安におののいた。

このころからテレビのワイドショーは、連日、大半の時間を割いて大々的に取り上げ始めていた。

にもかかわらず、日本の国会で初めてとりあげられたのは、それから一週間遅れの一月二十三日になってからだった。

ブラックジョークになった演説

既に書いたように、武漢コロナウイルスが、真の意味で世界を揺るがせることになったのは、中国国家主席の習近平が、感染拡大を阻止するよう大号令をかけた一月二十日の夜だった。

折から日本の国会では、習近平の指示が国営の新華社通信によって発表された直前の二十日午後に安倍晋三首相の施政方針演説が衆参両院で行われた。

首相の施政方針演説は、二〇二〇東京オリンピック・パラリンピック開幕を間近に控えたことを意識して、こう始まった。

「五輪史上初の衛星生中継、世界が見守る中、聖火を手に国立競技場に入ってきたのは……」

演説の締めくくりも、市川崑が監督した一九六四五輪の記録映画を引き合いに出してこう語りかけた。

「『人類は四年ごとに夢を見る』。一九六四年の記録映画は、この言葉で締めくくられています。新しい時代をどのような時代にしていくのか。その夢の実現は、いまを生きる私たちの行動にかかっています。（中略）新しい時代の日本を創るため、今日、ここからみなさん、ともにスタートを切ろうではありませんか」

演説のほとんどは、東京五輪をからめた「夢の実現」を訴えたもので、コロナのコの字も出てこなかった。ご承知のように、この演説から二カ月後に東京五輪は延期を余儀なくされ、結果としてブラックジョークのような代物になってしまったのだが。

例年通り、首相の施政方針演説から一日おいて二十二日から衆参両院で代表質問が行われる日程が組まれていた。

当然、国会でも武漢コロナウイルス問題が大々的にとりあげられ、野党が日本政府の無策ぶりを厳しく攻め、首相は窮地に追いやられるだろう、と不覚にも政治記者歴三十年を超す（ただ長いだけなのだが）私はとっさにそう思った。

だが、しかし。私は野党をだいぶ買いかぶり過ぎていた。

枝野代表は何を質問したのか

一月二十二日午後一時過ぎ。衆院本会議場で代表質問のトップに立った立憲民主党の枝野幸男代表の発言に耳を疑った。

「私は会派を代表し、私たちが目指す社会について、もう一つの選択肢を示しながら、安倍総理に質問いたします。もっとも、大変残念ではありますが、それに先立ち、安倍政権の利権私物化、隠蔽体質そのものについてただささなければなりません。桜を見る会の前夜祭は、会費が五〇〇〇円、入り口で会費を集めたそうですから、会費負担者と出席者とが一致しているはずです。提供された飲食等の出席者一人あたりの額は、都心の一流ホテルであることから、これを大幅に上回ると見るのが常識です。この差額を後援会などで補塡をしていれば、その分が買収となり、公職選挙法違反であります……」

と、武漢コロナウイルス問題を素通りして、いきなり「桜を見る会」をとりあげた。

確かに「桜を見る会」問題は、安倍政権の緩みを象徴する問題だが、政権交代を実現させ次期首相を目指しているのなら、何はともあれ、当時でも国民生活に重大な影響をあたえるであろうと予見できたコロナ問題をとりあげるべきだった。

枝野代表は、民主党政権時代、菅直人首相に官房長官として仕え、東日本大震災に遭遇。福島第一原発事故など国家的危機に政権の要として対応に当たった経験を持っている。

それなのに、ああ、それなのに。

枝野代表は、「詐欺まがいの消費者被害を招いたジャパンライフの元会長が招待されていました」「招待者名簿が野党からの資料請求がなされた一時間後に裁断されました」などなど、すでに報道などで明るみに出ていた「桜を見る会」にまつわる疑惑の数々をあげつらうだけだった。

かなりの時間をかけて「桜を見る会」関連の質問が終わると、続いて秋元司元ＩＲ担当副大臣の逮捕と選挙カーのウグイス嬢への高額報酬で辞任した前法務大臣夫妻にまつわる疑惑をとりあげた。

質問の後半で、ようやく少子高齢化問題など政策課題に言及したものの、ついに武漢ウイルス問題に触れることはなかった。

後でどう取り繕おうと政治家に最も必要不可欠である「国民の生命、生活を守る」という気概と感度が欠けている、と断じざるを得ない。

彼だけではない。

この日の衆院代表質問では、枝野代表の後に質問に立った自民党の二階俊博幹事長も国民民主党の玉木雄一郎代表も武漢ウイルス問題にはまったく言及しなかった。

もちろん、翌日質問に立った共産党の志位和夫委員長も。

神は細部に宿る。与野党を代表する政治家たちがそろいもそろって、いかに「いま、そこにある危機」への感度が乏しいかが、おわかりになったと思う。

ようやく、二十三日に質問した公明党の斉藤鉄夫、日本維新の会の馬場伸幸両議員は短時間ながらも武漢ウイルス問題を初めて国会でとりあげた。

斉藤議員は、感染拡大の防止のため関係省庁が緊密に連携するよう求めた。と同時に「中国では今月下旬から春節の長期休暇に入ることから、多くの中国人観光客の訪日が予想されます。まずは、検疫所における健康状態の確認など、水際対策の徹底に万全を尽くすようお願いしたい」と検疫強化を要望したが、入国規制までは踏み込まなかった。

馬場議員も代表質問の冒頭、「内閣が一体となって、強い危機感を持って、水際対策など万全の防疫体制を敷くとともに、国民への情報提供と説明責任を果たすよう強く要望いたします」と指摘するにとどまった。

安倍首相の答弁も「検疫における水際対策や、国内における検疫体制の強化を図ることとしています」などと、通り一遍のものだったが、それでも、本会議で取り上げただけでもましだった。

この時点で、党を代表しての質問で、まったくこの問題に触れなかった自民、立憲、国民民主、共産の各党の見識は厳しく問われなければなるまい。

武漢が封鎖された後も

衆参の代表質問が終わった一月二十三日、事態はさらに悪化した。既にパンデミックが起きていた中国・武漢が封鎖されたのである。習近平独裁体制ならではの感染拡大防止へ向けた荒療治だが、誰の目にも異常事態が中国で発生し、事態が緊迫の度を増していたのは明らかだった。

日本政府は、安倍首相の鶴の一声で武漢在留の日本人を救出するためチャーター機の派遣を二十五日に決めたが、政府対策本部はいまだに設置されていなかった。

野党にとっては、対策が後手後手にまわっている安倍政権を攻撃し、ダメージを与える大チャンスがめぐってきたのだ。

野党にとっては、うまい具合に二十七日、衆院で令和元年度補正予算案を審議する予算委員会が開かれることになった。

野党質問のトップバッターは、橋本龍太郎内閣で首相秘書官を務め、首相官邸内や中央省庁の権力構造にも明るく、論客である江田憲司だった。

きっと、微に入り細にわたり、官邸の初動のもたつきを追及するのだとばかり思っていたら、さにあらず。

質問の冒頭、「中国では死者八〇人にのぼったといわれております。状況も刻々変化をしている。そういう中で、ぜひ安倍総理、政府の皆様にお願いしたいことは、中国政府に対して外交ルートを通じてしっかり正確な情報の提供を要請していただきたい。その情報を国民の皆さんに提供していただきたい」と述べ、政府に感染拡大防止を要望したが、それだけ。首相に答弁も求めなかった。

続いて首相らに長々と質問したのは、やはり「桜を見る会」だった。

まぁ、立憲民主党と国民民主党が統一会派を組んだ直後だから、役割分担で次かその次の議員が武漢ウイルス問題をとりあげるのかと思いきや、これまたさにあらず。質問する議員はかわれどども、お題は「桜を見る会」かカジノ疑惑、それに「政治とカネ」の問題のオンパレード。

この日、武漢ウイルス問題をとりあげたのは、自民、公明両党の与党議員だけで、予算委員会は終わった。いま、そこにある危機が迫る中、国民が国会に求めている論議とは明らかにかけ離れていた。

やっぱり二番でいい？

「良識の府」を自負している参議院でも同じだった。

一月二十九日の参院予算委員会も酷かった。真っ先に質問に立った立憲民主党の蓮舫参院幹事長と安倍首相との冒頭のやりとりを再現するとこうなる。

蓮舫 まず冒頭、総理に伺います。財政運営の基本なんですが、財政民主主義をご存じですか？

首相 財政民主主義の基本的な考え方としては、政府が予算を作成し、国会に提出し、そして国会においてご審議をいただき、そして国会のご承認をいただき、そしてそれを執行していくということでございます。

参議院らしく、財政民主主義というアカデミックなテーマをとりあげたな、と思っていたら……。

蓮舫　租税や公債などによる政府支出は国会を通じて国民の承認を得る、それが財政民主主義。政府の支出というのは、超過支出禁止、流用禁止、会計年度独立、三つの原則で執行が縛られています。ところが、桜を見る会、安倍内閣の桜を見る会は、国会で承認した予算をおよそ三倍上回る支出になっています。財政民主主義の観点から問題ありませんか？

一時は、「日本初の女性首相候補」ともてはやされた蓮舫センセーが「サクラ、サクラ、サクラ」と連呼する姿は見るに忍びなかった。自らの持ち時間をすべて「桜を見る会」疑惑に充てて、武漢ウイルス問題は触れず仕舞いだった。

あきれた私は、産経新聞に「サクラで首相に塩を送る野党」（二月四日付）というコラムを書いた（別掲）。

つまり、立憲民主党をはじめ共産党など多くの野党は、通常国会召集前から決めていた方針を愚直なまでに墨守したのである。

この方針は、野党国会運営の司令塔を務める「ちびっこギャング」こと安住淳立憲民主党国対委員長が立案し、枝野ら立憲民主党幹部が承認、ほかの野党も従った。

安住はＮＨＫの政治記者出身で、父は町長。彼とともに取材活動をした経験のあるかつての同僚は、「上昇志向が強く、はやくから政界を目指していた。特ダネを獲るよりも将来を見越して有力者にコネをつくる方に力を入れていたようだ」と語る。

民主党政権時代には財務相までやったが、民主党政権崩壊後は、鳴かず飛ばずで、民進党分裂の際、希望の党にも行けず、無所属で立候補している。つまり、立憲民主党の創設メンバーでないにもかかわらず、党首の枝野ら幹部にうまく取り入り、いつの間にか党の主要ポストである国対委員長を獲得したのである。

なかなかの権力欲ではあるが、そんな彼の本性を現してくれたのが、国会論戦を報じた新聞各紙を「花丸」「セーフ」「くず・立ち入り禁止」「論外」と格付けし、国会の控え室に張り出した所行である。もちろん、「花丸」が朝日新聞、毎日新聞に東京新聞（東京に至っては一〇〇点の文字も）、「セーフ」が読売新聞、「くず・立ち入り禁止」が日本経済新聞、そして「論外」が、産経新聞である。

もちろん、「花丸」組は、「桜を見る会」問題を野党寄りに扱った新聞であるが、こんな暇なことをしていたのが、武漢コロナウイルス問題がいよいよ深刻の度を増していた二月四日のことである。

立憲民主党の数少ないホープだった山尾志桜里《しおり》衆院議員が、こうした「ちびっこギャング」たちの所行にあきれ果て、「立憲主義と民主主義という大切な価値観で折り合わないまま、政党に所属して活動することはこれ以上、適切でない」と執行部に三行半《みくだりはん》をたたきつけたのもむべなるかな。

安住国対は、前年からくすぶっている「桜を見る会」や自民党の中堅議員が逮捕されたカジノ問題など、スキャンダル中心に安倍政権を揺さぶろうとし、もっと大きな武漢コロナウイルス問題への取り組みに出遅れたのである。これでは、いくら安倍政権が失点を重ねようとも野党待望論は起こらない。

危機を傍観する国会議員

日本国憲法は、国会を国権の最高機関と規定している。

その構成員たる国会議員はいかにあるべきか。世界大百科事典（第二版、平凡社刊）を紐解いて国会議員の項を開くと、こう書いている。

「日本で、全国的レベルでの政治的課題に関する立法機能の遂行、国家予算の審議・議決、中央政府の監督・批判を任務とする全国的議会としての国会の構成メンバーをいい、衆議院議員と参議院議員を含む。ともに国民の直接選挙で選ばれる」

「桜を見る会」や「モリ・カケ問題」などを執拗に追及する立憲民主党や共産党など野党は確かに「中央政府の監督・批判を任務とする」という後者の役割は果たしているかもしれない（それとても十分ではないが）。

だが、肝心の「全国的レベルでの政治的課題に関する立法機能の遂行」に関しては、ほとんどの与野党議員が、役割を放棄していると言わざるを得ない。いや、それ以前に国権の最高機関を構成するにふさわしい能力をほとんどの議員が持ち合わせていないのではないか。武漢ウイルス問題への反応、言い換えれば情報感度の鈍さは、その証拠である。

野党議員は初動でもたついた政府を叱咤激励するとともに、徹夜でウイルス関連の特別措置法をまとめ、国会に提出すべきだった。そうなれば、与党も危機感を抱き、与党としての考えをまとめた議員立法を検討せざるを得ない。そうした切磋琢磨によって議会制民主主義は機能を発揮する。

その昔、田中角栄は、道路三法と呼ばれる道路法、ガソリン税法、道路整備特別措置法を建設官僚の協力を得て自ら作成、成立させた。この道路三法によって、遅れていた戦後の道路整備が飛躍的に進み、日本にハイウエイ時代が到来したわけだが、いまや国会で成立する法律のほとんどが、政府提出（つまり官僚主導）法案だ。

ほとんどの政治家が、本来の仕事である立法作業から遠ざかっている。これこそが、議会制民主主義の危機ではなかろうか。

もしそうだとすれば、そんな国会議員たちを選挙で選んでいるわれわれ有権者の責任はあまりにも大きい。

コラム　サクラで首相に塩を送る野党

通勤電車内のマスク着用率が、先週から目に見えて上がった。中国・武漢発の新型肺炎感染を恐れ、自衛策を講じた善男善女が激増したのである。

同調圧力に抗しきれず、筆者もマスクを求めて会社の近くにあるコンビニやドラッグストアをさまよい歩いたが、どこにもない。ようやく「1人2箱まで」と日本語と中国語、それに英語で大書された張り紙を貼っていた薬局で手にしたが、飛ぶように売れる、とはオーバーな表現ではなかった。半世紀近く前、石油ショックをきっかけとした流言飛語で、トイレットペーパーが全国のスーパーから一斉に消えた記憶がよみがえってきた（といっても当時は小学生だったが）。

いま、国民の最大の関心事が、新型肺炎への対策と予防であるのは、カネのかかる世論調査などせずとも、電車に乗ればすぐわかる。そんな当たり前の事実さえわからないのが、国会議員の皆さんである。

3日の衆院予算委員会でようやく論議が活発になったが、1月29日の参院予算委で立憲民主党の蓮舫氏は、1時間半近くの持ち時間すべてを「桜を見る会」問題に費やした。新型肺炎は、一言も触れなかった。確かに「桜を見る会」問題は、公的行事を「私物化」した安倍晋三首相側に非がある。野党が責め立てるのも道理だが、桜ばかりでは、見ている方もうんざりする。それが証拠に野党がいくら「天下の一大事だ」としゃかりきになっても安倍支持率は、一向に下がらない。

一方で、新型肺炎をめぐる政府の初動対応が鈍かったにもかかわらず、野党の追及は淡泊だ。例を挙げれば、外務省が本格的な対策本部を立ち上げたのは、武漢が封鎖された後の1月24日になってから。28日になっても横井裕《ゆたか》駐中国大使は、中国中央テレビで「中国の友人の皆さんがねずみ年に数え切れない収穫を収め、数え切れない幸せを得るよう祈っている」と新型肺炎に一切触れず、のんきに春節のお祝いを述べたほど、危機感が欠如していた。にもかかわらず、追及する議員はほとんどおらず、首相に塩を送った格好だ。かつて「2位じゃダメなんですか」発言で一世を風靡《ふうび》した蓮舫氏だが、どうやら1番になって政権を奪回する気はいまもさらさらないらしい。

第四章　中国に擦り寄る人々

習近平の国賓訪日は、自民党の二階俊博幹事長と今井尚哉首相秘書官主導で計画されたものだと、第二章で指摘したが、では、いまや自民党最高実力者となった二階幹事長が、なぜ政界きっての「親中派」となったのか。その実相を探るためには、中華人民共和国が、一九四九年の建国当初から陰に陽に進めてきた対日政界工作の系譜を振り返らなくてはなるまい。

「日中共同の敵」発言のウラに

ソ連の強い後押しで国民党を中国本土から放逐し、権力を奪取した中国共産党は、建国直後からソ連と足並みをあわせて対日工作を開始した。手始めとして、戦時中に中国共産党の根拠地である延安に〝亡命〟していた野坂参三を通じ、物心両面で日本共産党を支援したのである。（米中ソによる日本政界への資金援助の内幕は、名越健郎氏の『秘密資金の戦後政党史』〈新潮選書〉に詳しく書かれている）。

占領下にあった日本は、アメリカに歩調を合わせて台湾に逃れた蒋介石率いる中華民国を中国の「正統政府」として認める以外に道はなく、独立回復後も中華人民共和国を承認しなかった。

　当時の吉田茂政権は中国共産党にとって「敵」であり、その打倒を目指す日本共産党を支援するのは自然な流れだった。

　だが、中ソ対立が表面化すると、当時はソ連の強い影響下にあった日本共産党と中国共産党との関係はギクシャクしたものになっていく。

　それに取って代わる形で中国が利用したのが、日本社会党である。

　昭和三十四年（一九五九年）三月、中国を訪問した浅沼稲次郎《いねじろう》委員長は、かの有名な「米帝国主義は日中両国人民の共同の敵」という爆弾発言をした。もちろん、この発言は、中国側の強い要請に浅沼が応諾した結果なのだが、もともと社会党右派だった浅沼が、左派もビックリの発言をした背景には、やはりカネがあった。

　原彬久《よしひさ》東京国際大学名誉教授は、こう指摘する。

「(中国は) 浅沼『日中共同の敵』（一九五九年三月）発言に前後して日本に『友好商社』を設け、これを通じて中国産漆、食料品等のいわゆる『配慮物資』を流したこと、そしてこの商社の一部利益を佐々木派など社会党の派閥・個人に還流していったことは、周知の事実である」（『戦後史のなかの日本社会党』中公新書）

そんな中国共産党と社会党の蜜月も長くは続かなかった。

両党をつなぐキーマンだった浅沼が翌年、右翼青年に刺殺されたことも大きく影響したが、何よりも社会党が野党第一党とはいえ「万年野党」に過ぎない存在であるという事実が、中国側に認識され、社会党は次第に冷たくあしらわれるようになった。

そして昭和四十七年に田中角栄政権が誕生すると、ターゲットを政権与党・自民党に絞っていったのである。

田中角栄から二階俊博へ

昭和三十年代後半から四十年代前半、自民党内では、松村謙三、古井喜実といった根っからの「親中派」が細々と中国との関係をつないでいた。

当時の佐藤栄作政権は、台湾の蔣介石政権と深い関係にあり、中国共産党は日本政府と敵対関係を継続していたが、「日中国交正常化」を公約の一つに掲げて自民党総裁選を勝ち抜いた田中角栄が首相の座に就くと、一八〇度方針を転換した。

昔から友好関係にあった社会党や松村、古井ルートをサブルートとして使い、日中友好に力を入れていた創価学会を通じて自民党主流派の田中に接近、昭和四十七年に日中国交正常化が実現した。

以来、中国側は「井戸を掘った人」として角栄を持ち上げ、田中に連なる竹下登、橋本龍太郎、小渕恵三、野中広務、小沢一郎といったその時々に「実力」ある人物を「親中派」にするべく重点的に工作したのである。

その田中人脈の末席にいた二階にとって結果的に幸いしたのは、竹下、橋本、小渕、野中ら「大物親中派」が次々と世を去り、小沢一郎が野に下って久しく、実力を失ったことだ。

実力なき政治家は、中国共産党にとって用はない。中国共産党のお眼鏡にかなったのが、二階なのである。

県会議員出身の二階は、最初から中国と太いパイプがあったわけではない。転機は二十年前にやってきた。中国に食い込むため「二〇〇〇人訪中団」という大博打に出たのである。

平成十二年（二〇〇〇年）一月、小渕政権で運輸大臣を務めていた二階は、北京を訪れ、会談した中日友好協会幹部の前でこう大見得を切った。

「二〇〇〇年の年だから、二〇〇〇人の日本人の友人たちと一緒に、中国を再び訪れたい」

彼は運輸大臣というポストを十二分に活かして人集めに奔走した。平山郁夫画伯を訪中団の団長に担ぎ出し、日中友好団体だけではなく、観光業界や航空業界をはじめ各種の業界団体に呼びかけ、「日中友好」を大義名分として二〇〇〇人を大きく上回る五二〇〇人を短期間にかき集めた。

その結果、人民大会堂で行われた記念式典に当時の江沢民主席と胡錦濤副主席といった中国共産党のオールスターが顔を出した。運輸大臣に過ぎなかった二階が感激したのは言うまでもない。彼は博打に勝ち、中国側は二階という使い勝手のいい駒を獲得したのである。

さらに二年後には、「日中国交正常化三十周年記念日中友好文化観光交流事業」と銘打って一万三〇〇〇人もの訪中団を北京に送り込んだのである。

このときも江沢民、胡錦濤のツートップが記念式典に出席した。

習近平政権となった平成二十七年にも二階は、三〇〇〇人を超す訪中団を率いて北京を訪問し、習との会見にこぎつけた。

もうこうなれば、重要な中国に関する案件はすべて二階を通さなければならず、逆に中国は二階を最大限利用した。

二階は中国側の期待に十二分に応え、習近平政権が推進する「一帯一路」政策を全面的に支持した。その一つの到達点が、習近平の国賓としての来日である。

もちろん、彼の口から武漢コロナウイルスの世界的拡散を招いた習近平政権への批判が出るはずはない。さすがに、自民党の国会議員全員から寄付を募って、中国に送る計画は、青山繁晴参院議員らが反対して「有志」によるものとなったが、おとなしいものだ。

八十歳をとっくに越した老人に取って代わろうとするかつての青嵐会のような、イキのいい政治家はいないのか。

「二階一強」の政治状況は、確実に自民党を蝕んでいる。

チャイナスクールは何をやってきたか

習近平国賓来日の実務に当たっている外務省も粛々と準備を進めていた。

そもそも外務省の「チャイナスクール」と呼ばれる一群の外交官は、中国の国益を尊重するのが役割かと見まごうばかりの官僚が少なくなかった。

その代表的な存在が、外交官から政界に転じた加藤紘一である。

加藤の親中ぶりは、ライバルだった河野洋平と遜色なく、ともに「媚中」のレベルにあったといえる。

一例をあげれば、日中友好協会会長時代の平成二十四年、当時先鋭化していた尖閣諸島問題について「我が国政府がとってきた『尖閣諸島をめぐって領土問題はない』という主張は、現実問題として、もはや国際的には説得力を持ちませんし、日中関係の改善にもつながらない」（「日本と中国」平成二十四年十月十五日号）と書いている。

つまり、中国の言い分を全面的に認めなさい、というわけだ。死者に鞭打つのは、後生が悪いが、彼や河野洋平が首相にならなくて本当に良かった。

森喜朗政権に逆らった「加藤の乱」の失敗は、彼の政局感のなさを如実に物語っていたが、国益を守ろうという気概もまたなかったのである。

ちなみに、「チャイナスクール」とは、狭義では、入省時に中国語を研修語として選んだ外交官を指すが、ほかの外国語を研修したものの、人事異動で中国に勤務した後に度を超した親中派になった外交官も広い意味で「チャイナスクール」と呼ばれている。

「反天皇制」を告白した大使

まあ、「チャイナスクール」であってもなくても歴代の駐中国大使の多くが、東京よりも北京の中南海に顔を向けていたのは確かだ。

その代表的存在が、駐中国大使を務めた中江要介（一九二二〜二〇一四年）である。中江は、京大法学部卒業後、外務省に入省。入省後、フランス語を学び、在パリ大使館勤務が振り出しだが、ベトナム勤務を機にアジア局畑を歩き、昭和五十年にアジア局長、駐ユーゴスラビア、駐エジプト大使を経て同五十九年に駐中国大使に就任した。

彼の駐中国大使時代だった昭和六十年八月十五日、当時の中曽根康弘首相が靖国神社に公式参拝し、日中間で大問題となった。結局、親日派で中曽根と親密な関係にあった胡耀邦総書記（当時）が厳しく中国共産党内で糾弾されたため、翌年から中曽根は参拝をとりやめたのだが、この難題に中江大使が日中のはざまで獅子奮迅して成果をあげたわけではなかった。

それどころか退任後、「中曽根さんのやっていたことは（中略）本当の意味で日中関係について特定の理念や政策、方法論があったようには感じられませんでした」（『アジア外交　静と動』）と、一刀両断、後ろから袈裟懸けにしている。

彼は在任時から「中国べったり」との批判を受けていたのだが、その淵源は戦時中の学徒出陣にあった、と私はにらんでいる。

京大在学中に学徒出陣し、陸軍中野学校に配属された経験を持つ彼は、昭和天皇や戦時中の日本政府に対する敵意といってもいい感情をむき出しにした著作『日中外交の証言』を遺している。

一節を引こう。

「日本は戦争に負けた時に、負け方を間違ったのではないか、というのが以前からの私の考えである。日本はもっと負けなければいけなかったのに、負け方が足りなかった、いいかげんなところでアメリカに上手に救ってもらった、だからこれでよいのだと思い込んでいるとしたら大間違いだと思う」

原子爆弾を広島と長崎に落とされても、東京、大阪、名古屋といった全国津々浦々の都市が、焼夷弾によって焼き払われても「負け方が足りなかった」と大使閣下は、感じていたのだ。

それはなぜか。日本政府が終戦を受け入れるに当たって「国体護持」のみを日本政府が受諾条件につけ、アメリカをはじめとする連合国も応じたからだ。

彼はこうも書く。

「天皇制を護ろうとした国体護持による敗戦が間違いであったのではないか、と私は思う。何が間違いかと言えば、天皇制を護持したために、戦争責任があいまいになった、と私は思う」

つまり、天皇制が戦後も続いたのが、間違いだった、という「反天皇制」の立場を明確にしている。これは共産党の考え方とほぼ同じである。

昭和天皇が、終戦翌年の元日に発表した「新日本建設に関する詔書」（いわゆる天皇の人間宣言）にも噛みついている。

「これを読んで私は、昔だったら不敬罪になってしまうが、『よく言うぜ』という想いがする。あれだけの戦争をして、国民を塗炭の苦しみに陥れたその天皇が、敗戦の翌年の正月に『朕ハ茲ニ誓ヲ新ニシテ国運ヲ開カント欲ス』と言う。そんな気持ちがあるのだったらなぜ戦争を避けるための努力をなさらなかったのか。あるいは間違って戦争が始まっても止めるための努力をなさらなかったのか。さらに、戦争を止めるにあたって、もっと国民のために努力をなさらなかったのか。私のようにペンを捨て銃を持って戦争に行かされた一人の国民としては、そういう気持ちが非常に強かった」

中江は、昭和天皇の時代に、菊の紋章の印綬を帯びて各国で大使を務めてきた。大使館では、天皇誕生日（当時は四月二十九日）前後に各国の要人を大使館に招いてパーティを開くのが習わしだが、彼もホストとして接待にこれ務めていた。

陛下と日本国の弥栄を願うパーティの主人は、内にこういう怨念を秘めていたのである。前川喜平元文部次官が、いみじくも座右の銘に「面従腹背」を挙げていたが、やはり上には上がいるものだ。「親中派外交官」の面目躍如である。

いまも続く「媚中」の系譜

中江の後に駐中国大使を務めた谷野作太郎もまた「媚中派」のレッテルを張られている。というより、日本を貶めた日本の元外交官として長く記憶に留め置かれるだろう。

彼は、宮沢政権で外政審議室長に起用されるのだが、かの悪名高い慰安婦問題に関する「河野談話」をまとめた責任者である。

しかも村山富市政権では、じっくりと識者の意見を聞いたわけでもなく、わずか一カ月で「植民地支配と侵略」という用語を使った、これまた悪名高い「戦後五十年村山談話」の素案を作成している。

それらについては、別途論じることにしたいが、彼のアジア局長時代（正確にいえば審議官のときだが、ほどなく局長に就任している）に天安門事件が起きる。

アメリカなど欧米各国が経済制裁に踏み切り、日本も同調して円借款の供与を停止するが、その直後から水面下で円借款再開の検討に入っていたのである。彼は回顧録でこう振り返っている。

「私たち対中関係に携わる者としては、早くこの苦境を乗り越えて、正常な中国に戻ってほしいという気持ちの方が強かった。日本の政治家や経済界も、そうだったと思います。それが後にお話しするＯＤＡ（政府開発援助）の再開に結びついていくわけです」（『外交証言録　アジア外交　回顧と考察』岩波書店）

中国民主化の行方や弾圧によって犠牲になった学生や市民のことより、日本の政財界は、円借款再開、つまり日中の経済関係維持の方が重大事であったことを告白しているのだ。

時の首相は、竹下登のパペット（操り人形）だった宇野宗佑《そうすけ》だった。

宇野政権は、発足早々、「三本指」で有名になった女性スキャンダルで大打撃を受けて参院選に敗北。短命政権に終わるのだが、続く海部政権も親中派である竹下のパペット政権であったため、円借款が各国に先駆けて再開される。

谷野はこう回想する。

「シンガポールのリー・クアンユーが、天安門事件後、三塚外務大臣に対してこう言った。『中国は価値判断の基準がそもそも異なる。そのような国に、外から圧力をかければ、これは怒らせるだけだ。自分たちは怒って苛立つ中国よりも、平和な隣人としての中国の方がよいと思っている。中国の国内の変化は遅いだろうけれども、四、五十年後には近代的な中国になり得る』と。甘いと言われるかもしれないが、当時、アジアが共有する考え方だったし、日本も多くの人たちはそうだったと思いますよ」

「日本も多くの人たちはそうだったと思う」と勝手に書いているが、少なくとも私はそうではなかった（そのときから少数派だったかもしれぬが）。

天安門事件からすでに三十年以上の歳月が流れた。リー・クアンユーの予言した四十年後はもうすぐだが、「近代的な中国」にほど遠い。まあ、大政治家といわれたリー・クアンユーもいまにして思えば大したことないね。

いま、はっきりとわかることは、天安門事件が起きた後も中国の未来に対するあまりにも甘い、甘い見通しを谷野閣下をはじめ、日本の政財界人の要人がお持ちであったという厳然たる事実である。

谷野閣下の薫陶を受けた面々は、いまなお外交の一線で活躍している。言い換えれば、中国に対する甘い認識を持ち続けている「チャイナスクール」の悪しき伝統は、いまなお連綿と続いているのだ。

第五章

「中国依存症」から脱せぬ財界

武漢コロナウイルスの感染拡大は、中国人観光客によってもたらされた「爆買い」に象徴されるインバウンド景気に浮かれに浮かれた百貨店やホテル、航空会社といった観光関連産業のみならず、大企業の「中国依存」体質をも白日の下にさらした。しかも、習近平国家主席の国賓訪日を強力に後押ししていたのは、経団連をはじめとする財界主流派だったのである。

国賓訪日を大歓迎した財界

令和と年号が改まって間もない九月九日、日本経済団体連合会(経団連)、日本商工会議所、日中経済協会の三団体合同訪中団が、北京を訪問した。

代表団には、古賀信行経団連審議員会議長、三村明夫日本商工会議所会頭をはじめ二三〇人もの経済人が参加し、十一日には李克強首相と会見した。

会見で古賀らは、李首相に恭しく礼をし、来春に迫った習近平来日を「我が国経済界あげて歓迎する」と言祝《ことほ》いだ。

こういった儀式を財界は、毎年繰り返している。経団連は、国交正常化直後の昭和四十八年以降、毎年のように訪中団を送っており、三団体合同での派遣は五度目だ。

いまや世界第二の経済大国であり、軍事大国となった中国にとって日本のウエイトは下がっており、経済団体の代表団が、別々にやって来られては面倒になってきたため、三団体まとめて対応するようになったのである。

前年の三団体訪中団の様子を、中国出身の楊海英《ようかいえい》静岡大教授は「会談の冒頭、深々と頭を下げる日本の財界人と無表情の李首相との会見の様子は、皇帝に謁見する前近代的な『朝貢使節』のようだった」（日本版ニューズウイーク）と描写している。

そもそも昭和四十七年の日中国交正常化前後から財界主流派は、新日鉄社長、経団連会長を務めた稲山嘉寛《よしひろ》をはじめ「親中派」が占めていた。

稲山は、毛沢東時代に疲弊していた中国経済立て直しに使命感ともいうべき熱情を傾け、技術協力を惜しまなかった。昭和五十二年に訪中した際、李先念副総理から要請され、二つ返事で上海の宝山製鉄所建設に協力したのは、その好例だ。

もちろん、当時は豊富だった石油・石炭などの中国産資源や一〇億人を超える人口を擁していた巨大市場の魅力あってのことだが、国交正常化直後は、日中友好ムードが、日本国中に充満していたことも確かだ。

昭和四十八年の第一回経団連訪中団を率いた植村甲午郎《こうごろう》経団連会長（当時）は、「日中間に太いパイプが何本もでき、長期にわたり強力な交流が行われれば、これが世界の平和にも役立つ」と述べた。

経済界も日中友好イコール世界平和の実現、という幻を見たのである。

中国側も周恩来首相が何度も会見に応じ、中国国内の移動に専用機を用意するなど、「準国賓」級待遇でもてなした。この〝成功体験〟が、財界全体に「親中派」が増殖する契機となった。

経団連会長を務めた御手洗《みたらい》冨士夫は、在任中の「経済外交上の最大の業務」が、「平成二十一年に来日した習近平（当時は副主席）を招いて開いた歓迎朝食会だ」（レコードチャイナ令和二年三月二十八日配信）というほど、習近平べったりぶりを隠さない。

さらに「日本側は中国と手を携えて努力し、協力提携を強化し、日中間の戦略的互恵関係を前に進めていくことを望んでいます」と語る。彼の目には、香港で自由を求める市民やウイグルやチベットで弾圧にあえぐ人々たちの姿が目に入らないのであろう。

こういった人々が、習近平の国賓訪日を後押しし、日本政府の武漢コロナウイルス対策を遅らせた原因の一つとなったことを日本国民は、覚えていた方がいい。

やってはいけなかった消費増税

武漢コロナウイルスによって人やモノの移動が世界規模で縮小する中、新薬が期待される製薬会社、スーパーマーケットなどほんの一握りの業種を除いてほとんどの企業が、大きく業績を落としてしまった。

だが、今回のウイルス禍で何より浮き彫りになったのは、中国依存という日本企業の脆弱性だ。これまで幾度となく中国依存の危険性を指摘され、改革を迫られながら、おざなりな対応で済ませてきたツケが一気に顕在化した格好だ。

しかも、直前に断行した消費税率の引き上げが、「コロナ大不況」をさらに過酷なものにしてしまった。

「アベノミクス」の強力な応援団で、本来は〝安倍シンパ〟であるはずの髙橋洋一、田村秀男両氏らが、強く反対を唱え続けていた消費税率引き上げは、やってはいけなかったのである。それは、数字を見れば、一目瞭然である。

ＳＭＢＣ日興証券によると、二月にまとまった上場企業の令和二年三月期決算の純利益見通しは、前期比六・六％減。減益見通しは二年連続だ。

同社が東京証券取引所第一部に上場する三月期決算企業で令和元年四～十二月期決算を公表した一四八一社を集計した。集計は全体の九九・七％を占め、主要企業の決算も網羅しており、三月期決算企業の状況をほぼ表しているといっていい。

令和二年三月期の純利益合計は三二兆八六五四億円の見込みで、製造業は一九・四％減、非製造業は〇・六％増だった。純利益予想を下方修正した企業は、上方修正の一・八倍の二二五社に上る。

上場企業の多くは、今年に入ってから顕在化した武漢コロナウイルス禍の影響を二月段階では、三月期の業績見通しには十分に織り込めていなかった。

だが、コロナ禍が広がる中で、その後、業績を下方修正する企業は日を追うごとに増え、令和二年三月期の決算発表では、さらに大幅に業績が悪化する企業が激増した。

令和元年十二月までをみれば、業績悪化の理由は大きく二つ。一つは元年十月に実施された消費税増税だ。当初、消費税増税の影響はそれほど大きくないとの見方が多かったものの、ふたを開ければ、小売りを中心に大きなダメージを被った。

そしてもう一つは、米中貿易摩擦を背景とする中国経済の減速だ。中国向けの輸出が多い製造業が二〇％近い大幅な落ち込みになっていることがそのことを如実に示している。

だが、ここまでは、ある程度想定されていた。新車販売は令和元年、消費税増税後に前年同月から二桁のマイナスが続いていた。全国百貨店売上高も十月に一七・五％減となったのを機にマイナスが続き、回復の兆しが見られなかった。

十月は猛威を振るった台風の影響があったのは確かだが、消費税増税が当初の予測以上に足かせになっていたことは容易に想像できた。

世界経済を揺るがしていた米中貿易戦争は、「第一段階の合意」の署名に至ったものの、基本的な対決構図は変わっていない。

元年十二月の日銀短観で大企業製造業の業況判断指数は六年九カ月ぶりの低水準に落ち込んだことや、中国の主要な経済統計が昨年末にかけて減速傾向を示していたことなどから、中国向け輸出のウエートが高い業種、企業が影響を受けているだろうことはある程度はわかっていたことだ。

こうした下地があった中で、企業業績を一段と落ち込ませたのが、武漢コロナウイルス禍だ。特に中国と関わりの深い企業の打撃は深刻の度を増している。

浮き彫りになった中国依存

今回のコロナ禍で浮き彫りになったのは、中国に依存する日本企業の脆弱な収益構造である。

最初に直撃を受けたのは、インバウンド関連企業だ。

中国中部の湖北省武漢市で発症が相次いでいたウイルス性肺炎で初の死亡者が出たと当局が発表したのは一月十一日。

感染者はネズミ算式に膨れ上がり、死者も増加。やむなく中国政府は、春節（旧正月）に合わせた大型連休が一月二十四日から始まるのを前に、武漢市民約一一〇〇万人の移動を制限する事実上の封鎖に踏み切った。

中国の旅行業界団体は、当局の指示に基づき一月二十七日から海外旅行を含むすべての団体旅行を一時停止すると発表した。

航空券と宿泊を合わせた予約サービスも一時停止し、国内外の個人旅行も一部制限するに至った。

こうなると、中国からの観光客が落とす莫大なチャイナマネーに依存してきた日本企業はなす術《すべ》がなかった。

中国との人やモノの行き来が制限されたことで、最初に影響が大きく出たのは、春節期間中の訪日観光客の需要だった。

大手百貨店四社の春節期間（一月二十四〜三十日）の免税売上高は、前年の春節期間（二月四〜十日）比で大きく減少した。

そごう・西武は約一五％減、髙島屋は一四・七％減、三越伊勢丹ホールディングス（HD）は約一〇％減、もっとも影響が小さかったJ・フロントリテイリングが運営する大丸松坂屋百貨店でさえ約五％減少した。

特に武漢コロナウイルス禍で、中国から海外への団体旅行が禁止された春節後半に大幅に減少した。

髙島屋では「一月二十九日以降は前年比三〜四割減」と急激な落ち込みだったという。免税売上高のうち、中国人客の割合は髙島屋で八割程度となるなど、各社とも多くを占める。三越伊勢丹HDの三越銀座店や伊勢丹新宿本店では、期間中の免税売上高が二割減となるなど中国人客の減少が免税売上高全体を引き下げた。

日本政府観光局によると、日本を訪れた中国人客は令和元年一年間で九五九万四三〇〇人と前年比で一四・五％も伸び、訪日客全体の三割に達した。

消費額（速報値）も一兆七七一八億円と国・地域別では最大の〝お得意様〟で、訪日客全体の消費額四兆八一一三億円のうち、三六・八％と三分の一以上を占める。

元年の全国百貨店売上高は、五兆七五四七億円と四年連続で六兆円を割り込んだ。既存店ベースでは前年比一・四％減と二年連続のマイナスだった。

背景には、若年層の百貨店離れや地方経済低迷といった構造的要因があり、主力の婦人服で不振が続く百貨店は、中国人客の購買力に支えられていたのである。

武漢コロナウイルスの感染拡大は、百貨店が期待していた春節商戦に冷や水を浴びせただけでなく、中国をはじめ韓国からの入国拒否措置が長期化したため、三月以降は壊滅的と表現しても言い過ぎではない打撃をうけている。

中国からの訪日客激減の影響は、二月も続き、百貨店四社はいずれも大幅なマイナスを余儀なくされた。売上高の落ち込みが最も大きかったのはＪ・フロントリテイリングで、前年同月比二一・八％減。三越伊勢丹ホールディングスは一五・三％、高島屋は一二・四％のそれぞれマイナスだった。

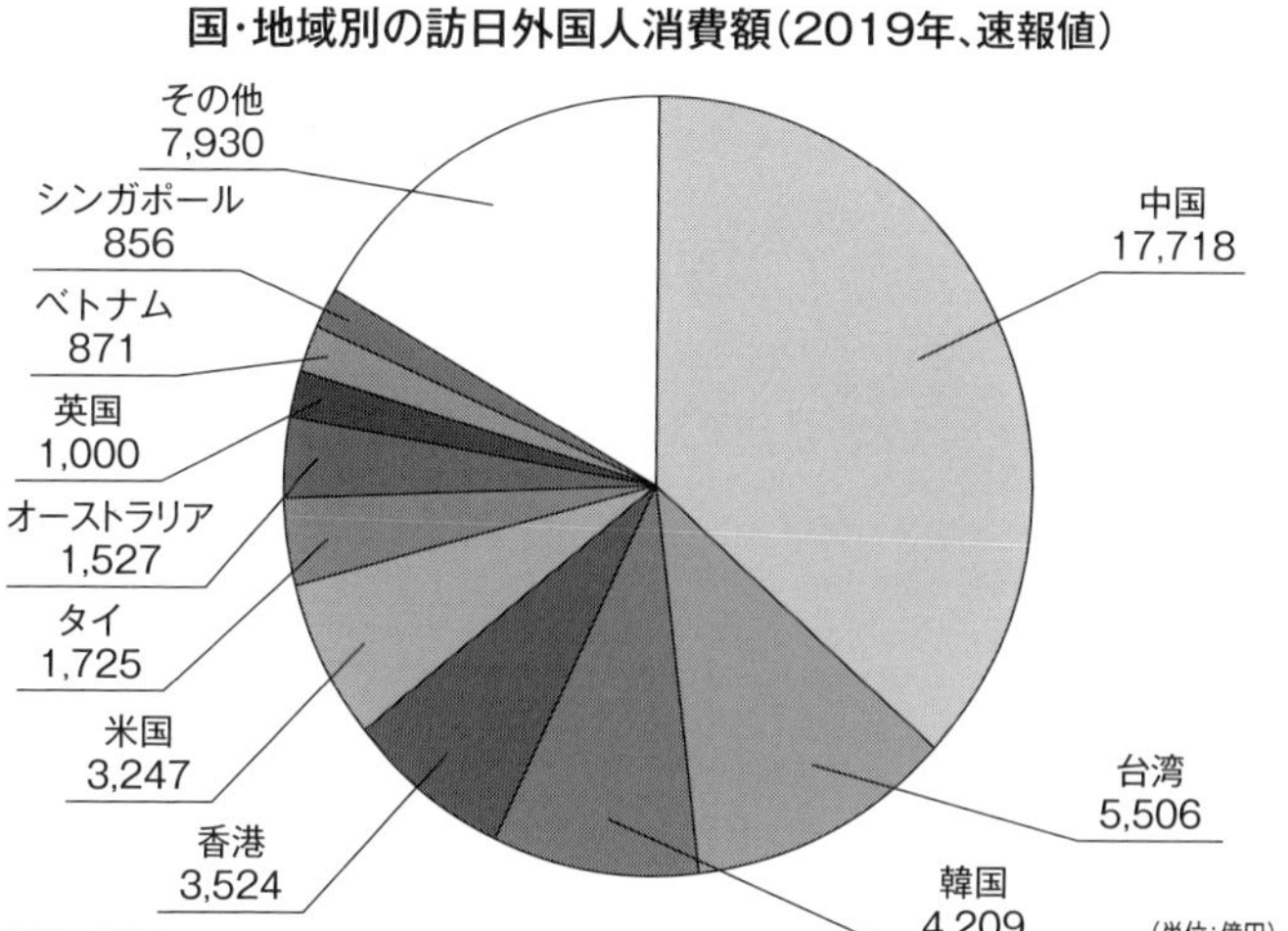
国・地域別の訪日外国人消費額(2019年、速報値)
その他
7,930
シンガポール
856
ベトナム
871
英国
1,000
オーストラリア
1,527
タイ
1,725
米国
3,247
香港
3,524
中国
17,718
台湾
5,506
韓国
4,209
(単位:億円)

出所：観光庁

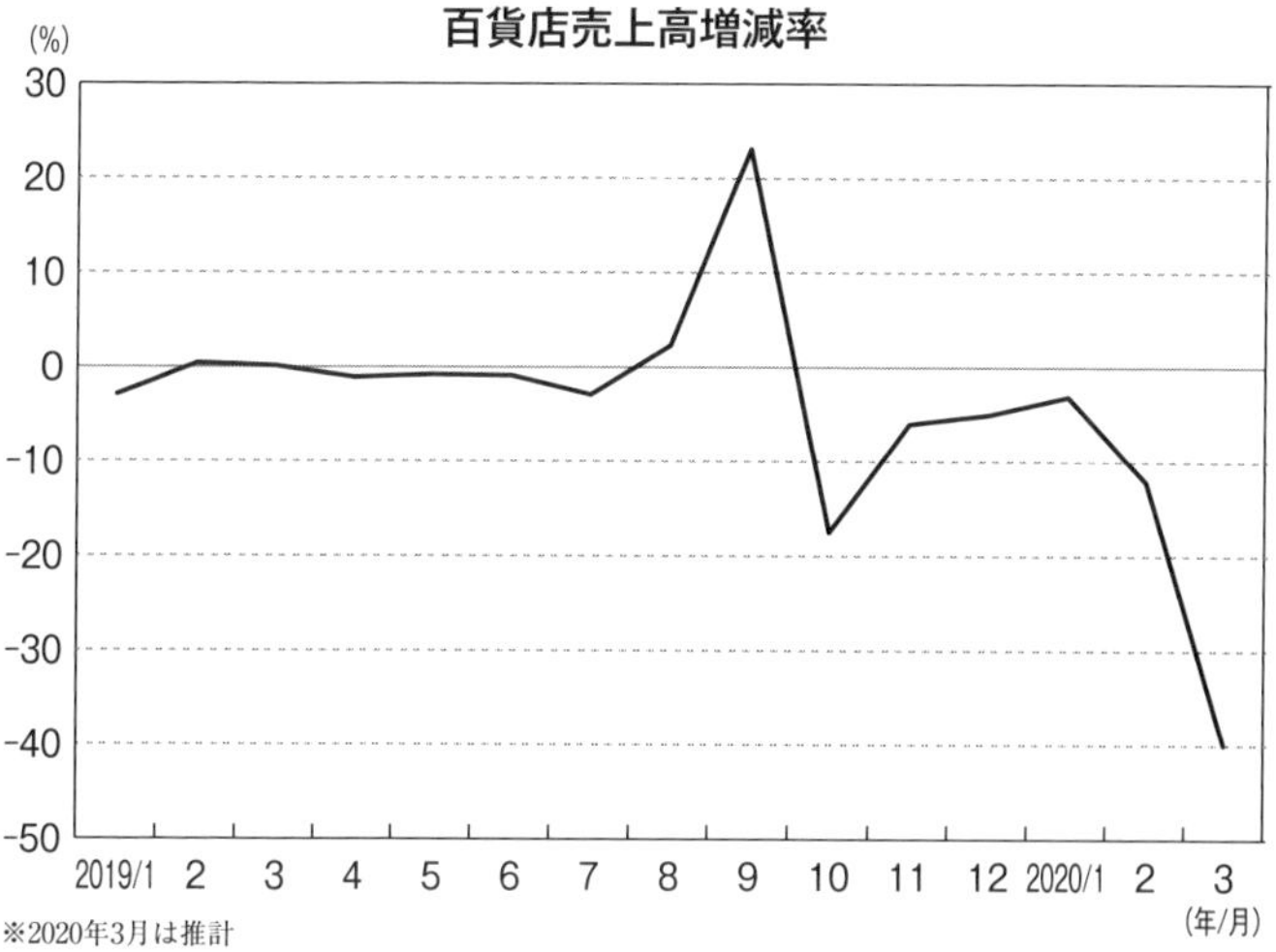
百貨店売上高増減率
(%)
30
20
10
0
-10
-20
-30
-40
-50
2019/1
2
3
4
5
6
7
8
9
10
11
12
2020/1
2
3
(年/月)

※2020年3月は推計

減少幅が最も小さかったそごう・西武でも六・五％減に達した。全国ベースの売上高も二月は一二・二％減と、五カ月連続のマイナスだった。

さらに日本百貨店協会は、三月の全国百貨店売上高が、既存店ベースの前年同月比で約四割減、訪日外国人の免税売上高が約八割減になるとの見通しを明らかにした。一部加盟企業から聞き取った三月十七日時点の実績を基にした推計ではあるが、一九九八年三月（二〇・八％減）をはるかに超える過去最大の落ち込みとなる。

中国人に依存するのは、百貨店ばかりではない。観光関連産業なども同様で、特に地方経済は都市部以上に中国人の需要に支えられている。

今回、中国からの全面的な入国制限措置に政府が二の足を踏んだ理由の一つは、日本経済が中国人の購買力に依存していることと決して無関係ではない。

武漢コロナウイルス感染症の水際対策強化によって、一日五〇〇往復以上あった成田、関西両空港以外の中国、韓国便は一本もなくなった。

空港にとっては施設関連の収入、免税店の売り上げに直結し、死活問題ともいえる事態だ。

赤羽一嘉《かずよし》国土交通相は三月二十四日、感染拡大の影響で、宿泊業の三、四月の予約が前年同期比三〇～九〇％減の見込みだと明らかにした。

減少幅は二月の一〇～五〇％減から一段と悪化した。中小旅行業の三月の予約人員は前年同月比七四％減、四月は六八％減の見通しという。

富士山など人気の観光地を抱える静岡県観光協会によると、県内宿泊施設の一～四月の予約キャンセルは日本人を含め約四九万人に達する。

宿泊者が減れば、富士山周辺の飲食店やバス、レンタカーの利用者も当然激減する。県担当者は「手の打ちようがない」と頭を抱える。

自動車産業も深刻な打撃

サプライチェーン（部品の供給網）で、中国依存の脆弱性を露呈したのが、中国生産の拡大を進めてきた自動車業界だ。

ウイルスの発生地とされる武漢は、中国自動車産業の集積地であり、自動車関連産業は五〇〇社以上集積している。

武漢に工場を置くホンダ、日産自動車の両社のみならず、トヨタ自動車など他の自動車メーカーも工場の長期停止を決断せざるを得なかった。

ホンダの倉石誠司副社長が二月七日の決算会見で、「車は部品一点なくても生産できない。あくまで、従業員の安全や部品の状況などを確認してからとなる」と発言したように、物流の回復が十分でなく、部品調達が先行き不透明なことなどから、容易に生産再開に踏み切れなかった。

世界最大の自動車市場である中国が武漢コロナウイルスで混乱している段階では、現地工場の操業停止もやむを得ない選択であった。だが、日産は、中国からの部品輸入が滞ったことで、国内工場まで操業停止を余儀なくされた。

日産が操業を停止したのは、生産子会社の日産自動車九州（福岡県苅田町）。二月の操業停止は十四日、十七日、二十四日、二十八日の四日間に及んだ。新型肺炎の拡大によるサプライチェーンの問題で、国内自動車工場が稼働停止を決めたのは初めてとなる。

同工場では国内向けにミニバン「セレナ」とスポーツ用多目的車（ＳＵＶ）「エクストレイル」、海外輸出用にＳＵＶ「ローグ」「ローグスポーツ」を生産している。

日産の昨年の国内生産台数（約八〇万台）のおよそ半分を担った主力工場だ。昼夜二直体制のうち夜間操業を見送るなど、操業停止は三月も続き、栃木工場（栃木県三川町）にも及んだ。

さらに日産九州は三月三十一日に従業員に感染者が確認され、四月一日から三日間創業を停止した。

自動車には一台当たり三万点ともいわれる多くの部品が使われる。

このため自動車産業は、完成車メーカーが組立工場を設ければ、その近くに部品メーカーも進出するという垂直統合型のサプライチェーンが築かれてきた。それは海外でも同様で、中国に進出した完成車メーカーに合わせて、部品メーカーも中国進出を進め、武漢での自動車部品の現地調達率は九割にも達しているという。

一方で、自動車メーカーはコスト削減のために、世界規模で部品の共通化を進めている。安く高品質の部品を調達できるのであれば、日本に近い中国から部品を調達することにさほど抵抗感はなかったのだろう。

日本自動車部品工業会のまとめでは、平成三十年の自動車関連部品輸入額のうち、中国製は約三割を占めるまでになっており、サプライチェーンのリスクは高い。

こうしたリスクが、統計数値でも裏付けられたのが、財務省が令和二年三月十八日に発表した二月の貿易統計（速報、通関ベース）だった。

中国からの輸入が、前年同月比四七・一％減の六七三四億円とほぼ半減したのだ。二月の貿易統計では、鉄鋼や自動車部品などに加え、衣類や食料品といった幅広い品目で中国からの輸入が大幅に減少した。対中輸入の下落幅は中国政府の経済抑制策を背景にした昭和六十一年八月以来、実に三十四年ぶりの大きさだ。

中国からの供給停止は、国内生産に中国製部品を使用する日本企業を直撃し、日産だけでなく、ホンダやスズキ、マツダも一部車種の生産を遅らせるなど対応を迫られた。パナソニックやＬＩＸＩＬ（リクシル）も、トイレやシステムキッチンなどの受注を一時停止する事態に陥った。

日本企業に影響が広がったのは、機械部品など中間財の輸出入における突出した対中依存度の高さが背景にある。

平成二十九年の統計で少々古いが、日本の対中依存度は輸入が二一・一％、輸出は二四・七％に達している。

他のＧ７（主要七カ国）では、イギリスが輸入五・九％、輸出二・八％、ドイツが輸入、輸出とも七・〇％、カナダは輸入九・二％、輸出五・一％、中国と激しい貿易戦争を繰り広げている米国でさえ輸入一六・三％、輸出八・八％に過ぎない。

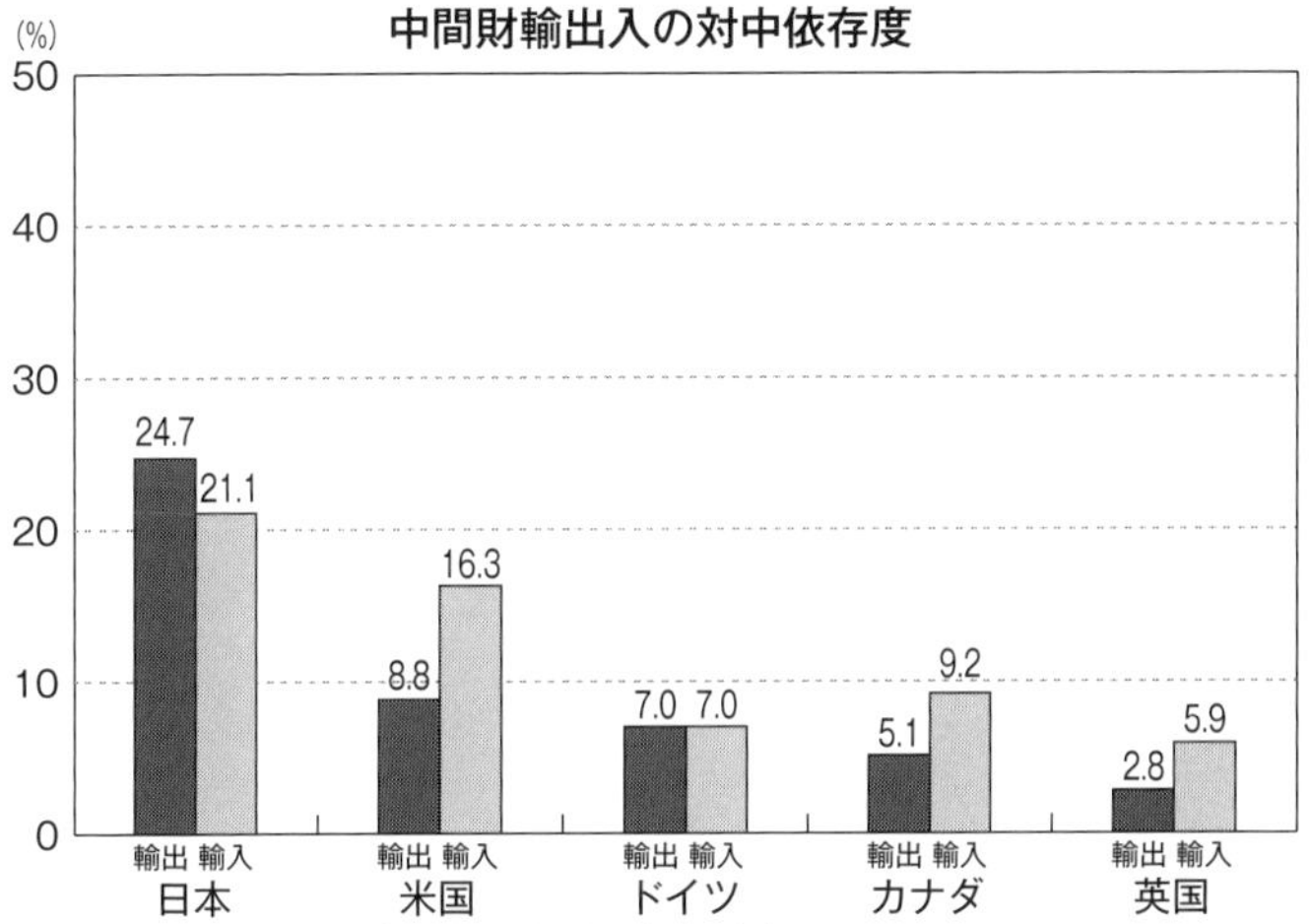

出所：政府資料から作成、2017年、中間財は加工品と部品の合計

中国と距離的に近いという事情はあるにせよ、主要先進国では日本の対中依存度が群を抜いて高いことがわかる。

官民挙げて中国依存から脱せよ

中国依存のリスクといえば、思い出されるのが平成二十二年（二〇一〇年）のレアアース（希土類）の事実上の禁輸だ。

レアアースは省エネ家電やハイブリッド車などの部品に欠かせない原料で、当時、中国が低コストを武器に、世界の九割強を生産し、日本も輸入量の約九割を依存していた。

だが、中国は同年七月にレアアース輸出枠の大幅削減を発表。さらに同年九月七日の沖縄県石垣市の尖閣諸島沖で中国漁船が海上保安庁の巡視船に体当たりしてきたことを受けて、日本の司法当局が漁船の船長の勾留延長を決めると、中国は自国の陸上で生産されるレアアースの対日禁輸という外交カードを切った。価格は急騰し、日本は中国に翻弄されることになった。

だが、対中依存度の高さを反省した日本企業は、フランスやベトナム、インドなどにレアアースの調達先を拡大。

使用済みレアアースのリサイクルなどの技術開発も進めた。

並行して、二〇一二年三月には中国によるレアアースの輸出規制は不当であるとして日本、米国、欧州連合（ＥＵ）が世界貿易機関（ＷＴＯ）に共同提訴。二〇一四年八月には日本側の勝訴が確定し、中国の不当な資源外交を切り崩すことに成功した。

ただ、油断はならない。中国は昨年、米中貿易摩擦がエスカレートするなかで、レアアースの禁輸をちらつかせたのだ。このことからもわかるように、中国依存の高さがリスクにつながることを日本企業はいまでも肝に銘じるべきだろう。

今回の武漢コロナ禍では、マスクの品薄が続いているが、これも中国依存と無縁ではない。平成三十年度に出荷されたマスクのうち、中国製は約七〇％を占めていた。

だが、コロナの感染拡大を受けて、中国政府が、地元メーカーに中国国内向けの供給を優先するように命じると、日本で感染拡大が広がった二月以降の調達が難しくなったのだ。さすがに、マスクは中国政府による外交カードではないだろうが、サプライチェーンを中国に過度に依存するリスクを何よりも示している。

これまで日本では日中関係が悪化するたびに、中国以外の生産拠点を求める「チャイナプラスワン」の必要性が指摘されてきた。実際に、ベトナムやミャンマーなどに生産拠点を設けるなど日本企業も動いてきたのは事実だ。だが、新型コロナの影響が拡大する中で見えてきたのは、そうした取り組みが決して十分ではなかったということだ。

中国は今回、日本の百貨店や観光地の苦境をみて、日本への渡航を制限することが、日本に対する「武器」になることを学んだはずだ。過度の中国依存をいかに変えていくか、日本は官民挙げて早急に取り組む必要に迫られている。

第六章　台湾はこうして「奇跡」を起こした

武漢コロナウイルスが世界的に大流行し、多数の死者を出す中、台湾海峡一つ隔てただけの発生源・中国大陸と指呼の間にある台湾は、少なくとも第一波の流行をほぼ完璧に抑え込んだ。まさに、「台湾の奇跡」といっても過言ではあるまい。

台湾の蔡英文《さいえいぶん》政権は、当初から水際対策に全力を挙げ、三月上旬まで感染者数を二桁、死者わずか二人に食い止めてきた。日本のメディアでは、マスク購入用アプリの開発を提唱したIT担当閣僚が「天才」とたたえられ、ニュージーランドのアーダーン首相は全入国者への自主隔離を発表した際、「われわれは台湾モデルに追随するのだ」と述べた。

自国の一部だと主張する中国の妨害で、WHO（世界保健機関）に加盟できず、世界の防疫体制から取り残されてきた台湾が、武漢コロナウイルス対策では一転して防疫の手本となった形だ。

そんな逆境で、なぜ「奇跡」が起きたのだろうか。

個々の政策でいえば、防疫体制の「先取り配置」と専門家主導で政治的配慮を極限まで排除する「防疫優先主義」、綿密に計画を立てるよりも対応を打ち出しては問題点を後に修正する「実行主義」、そして政治指導者が世論の不安や疑問に徹底して答える「リスク・コミュニケーション」が挙げられる。

もう少し大きな視点でみれば、経済的には切っても切れない中国との交流減少による大きなダメージを恐れない政権の覚悟が大きなポイントとなった。

SARSの「災い」が教訓に

台湾の武漢コロナウイルス対策が成功した要因として、民主進歩党が政権を握っていたことが第一にあげられる。

蔡政権には、二〇〇三年の重症急性呼吸器症候群（SARS）の流行で、多くの死者を出すという苦い経験をした同じ民進党の陳水扁《ちんすいへん》政権にいた人物が複数いる。

当時は、中国の妨害で、WHOからウイルスに関する情報がほとんど得られなかったため、感染者の特定に時間がかかり、感染を拡大させてしまった。このため、院内感染が発生した台北市内の病院を封鎖する事態となり、社会に大きな傷痕を残した。

蔡総統自身、その陳政権で、対中政策を主管する行政院大陸委員会の主任委員（閣僚）として政権内で働き、陳総統らの動きを間近でつぶさに把握できる立場にあった。

蔡総統の片腕である陳建仁《ちんけんじん》副総統も当時、衛生署と呼ばれた衛生部門のトップに急遽、抜擢されてSARS対策を取り仕切り、その後の「伝染病予防・治療法」の法改正に尽力した。蘇貞昌《そていしょう》行政院長（首相に相当）は、台北市を取り巻く台北県（現・新北市）の県長（県知事）として、地方自治体レベルの対策を身をもって経験した。

医療関係者が多いのも蔡政権の特徴だ。

中央感染症指揮センターの指揮官として、大きな権限を持つ陳時中《ちんじちゅう》衛生福利部長（厚生相）は歯科医で、SARS後の陳政権で衛生署の副署長（副大臣）を務めた。

しかも陳建仁副総統と陳其邁《ちんきまい》行政院副院長（副首相）はそれぞれ公衆衛生の専門家だ。

陳建仁副総統は、蔡総統が記者会見をする際に側近くに陣取って専門的な内容の補足説明をし、政権の決定が政治的な配慮ではなく専門的な見地からのものだと市民に安心感を与える役割を担っている。

陳其邁副院長は、後述するマスク対策で、経済部（日本でいえば経済産業省）との調整に当たった。彼は二〇一八年十一月の統一地方選で立法委員（国会議員）から南部・高雄市の市長選に出馬し、後に国民党の総統候補となる韓国瑜《かんこくゆ》氏に大敗して「無職」となった後、同じく北部・新北市の市長選で敗れた蘇貞昌氏が行政院長に就任した際に副院長に抜擢された経緯がある。

二〇一九年一月の就任当時、二人は「敗北者連盟」と揶揄されたが、今や「結果オーライ」となった。

これらSARSの経験と医療に関する専門知識を持つ政権の上層部が、自らのポストの権限と役割を熟知していたことも良い方向に作用した。

日本のように、大臣人事ではともすれば適性より党内事情が優先され、専門的知見を持ち合わせない「素人大臣」が安倍政権でも多いが、台湾ではいなかったのである。

もう一つのキーポイントは、内閣改造を断行しなかったことである。

台湾では一月十一日に総統選が行われ、現職の蔡総統が再選されたが、総統選と同日には立法委員選も行われ、一月末に改選前の立法委員が任期満了を迎えることになっていた。

あまり知られていないことだが、台湾では選挙で立法院（国会）の構成が刷新されると、内閣が総辞職する慣例がある。だが、蔡総統は辞表を提出した蘇行政院長を慰留し、閣僚全員が同じ地位にとどまった。

蔡総統の判断は当時、民進党内の有力者で過去に政治的に対立したこともある蘇行政院長を五月の総統就任式まで留任させることで、党内の権力バランスを当面維持する狙いがあるとの見方が強かった。だが、後に述べるように、新型コロナ対策の必要性を見越したものだった可能性が高い。

政権内部の要因以外に、民進党政権であるがゆえの外部要因もあった。

中国政府は、「台湾独立」派とみなす民進党の蔡総統の再選を妨害するため、昨年八月に中国から台湾への個人旅行を全面的に停止していた。

二〇一六年の蔡政権発足以降、すでに制限をかけていた団体旅行と合わせ、中国湖北省・武漢で深く静かに感染が広がり始めたころに、幸運にも台湾への旅行客の人数が激減していたのである。

「訪日旅行者数四〇〇〇万人」の目標を掲げ、その多くを中国からの観光客に依存していた日本とは大きく環境が異なる。

中台の当局間対話は蔡政権発足以降、途絶えており、中国政府の顔色をうかがう必要は毛頭ないという状態が、蔡政権の果断な対応の背景にあったことは特記されてよい。その意味では、蔡政権は「災い転じて福となす」条件に恵まれた。

仮に、もし政権を「親中派」の中国国民党が握っていたらどうなっていたか。

それは言うまでもないことだろう。

国民党の馬英九《ばえいきゅう》前総統は、蔡政権が一月二十四日からマスクの（対中）輸出を禁止すると、「人でなしだ。まさにいまこそ両岸（中台）が手を取り合って病気と闘うべきときなのに、非常な失策で、まったく思いやりのないやり方だ」と口を極めて批判した。

武漢はその前日の一月二十三日から全面封鎖されている。その後のマスク不足の状況から振り返れば、台湾の有権者は、自らが民進党の蔡英文を総統に選んでいて正解だったと感じ、支持率もアップしたのである。

即実行、問題は後に修正

蔡政権は台湾の人々を中国・武漢発のウイルスから守るため、次々と対策を打ち出していった。

その一つが「先取り配置」だ。

衛生福利部の疾病管制署（台湾ＣＤＣ）が「武漢市で数名の肺炎症例が出ているとの情報がある」として、武漢から到着する航空便を対象に機内検疫を開始したのは二〇一九年十二月三十一日にさかのぼる。

台湾で最初の感染者が確認されたのは、二〇二〇年一月二十一日なので、それよりも三週間近く前から警戒を始めていたことになる。

台湾CDCは機内検疫から三日後の一月二日には部内で対策会議を開催し、五日には陳時中衛生福利部長も出席し、外部の専門家による「中国での原因不明の肺炎」対策会議で域内のすべての病院に感染症対策や通報の強化を決めた。

先に述べた通り、十一日には総統選と立法委員選が予定されており、世の中が選挙一色になっている中、CDCは粛々と対策を進めていた。

続いて対策会議から間を置かず、武漢コロナウイルスによる肺炎を「厳重特殊伝染性肺炎」として伝染病予防・治療法上の伝染病に指定し、CDCの下に中央感染症指揮センターを設置、指揮官に陳時中衛生福利部長が就任した。

同センターの指揮官は、行政院（内閣）の各部局に防疫上、必要な措置を求めることができる。これにより、「防疫優先主義」の態勢が整った。重ねて述べるが、台湾初の感染者が確認されたのは一月二十一日であり、中国の医療関係者が「人から人への感染」を認めたことが報じられたのも同日である。台湾では、それよりも前に防疫体制の整備が終わっていた。

賢明な読者の皆さんは、日本の首相官邸、厚労省の動きといかに違うか、おわかりになったと思う。

台湾で初の感染者が確認されると、蔡総統は一月二十二日、安全保障政策の諮問機関「国家安全会議」の幹部会合を開き、武漢との団体観光客の往来禁止を発表した。

この後、「水際」でのウイルス流入阻止のため、中央感染症指揮センターはほぼ日替わりで、渡航制限を打ち出していく。

二十四日には団体旅行の中止対象を中国全土に広げ、二十六日には観光以外でも湖北省からの来台を禁止した。

二月に入ると、入域禁止対象は二日に広東省、三日に浙江省温州市が追加され、五日には浙江省全域、六日には中国全土と目まぐるしく拡大させていった。

この間、外交部（外務省）が十四日以内に中国に滞在した「すべての外国人」の入域を禁止すると四日に突如発表し、商業目的での訪台を認めていた中国人よりも厳しい制限を課しそうになった。だが、実施段階の七日からはすべての中国人の訪台が禁止されて齟齬は回避された。

台湾では法律上、「領土」とみなす中国大陸、香港、マカオを大陸委員会が、その他の

「外国」を外交部がそれぞれ管轄しており、外交部が感染症指揮センターの調整を経ずに勇み足で発表したものとみられる。

渡航規制対象がここまで小刻みに、頻繁に変更されるという事態は日本では想定しにくいが、綿密な計画よりも防疫上必要と考えれば躊躇なく変更していく「実行主義」の表れと言える。

「防疫優先」では、湖北省からの団体旅行客を〝追放〟もした。一月二十二日に来台禁止が発表されると、感染症指揮センターは台湾域内に何団体何人の中国人観光客が残っているかを毎日、発表。各団体を追跡した上、発熱した旅客がいた団体は、その後の観光日程を中止させ、直ちに民航機で送り返した。

〝強制送還〟の様子を撮影する台湾メディアのカメラマンに、激高した中国人観光客が怒鳴りかかる映像が放送されもした。これも中国人観光客への配慮が行き届いた日本では、考えにくい光景だろう。

徹底したマスク対策

「実行主義」は、急激に不足したマスク対策でもいかんなく発揮された。

台湾では、武漢が封鎖された一月二十三日から二十九日までが春節（旧正月）だった。この間、マスクの域内生産量は日産一八八万枚に減り、蘇行政院長は二十四日からマスクの輸出を一カ月間、禁止すると発表した。

元々、台湾のマスクは、九割を中国大陸からの輸入に依存しており、買い占めが始まると、すぐに品薄状態となった。

蘇行政院長が、「健康な人はマスク不要。春節休暇が終われば生産量は回復し、品薄は解消される」と平静を呼びかけたものの、さっぱり効果はなく、感染症指揮センターは二十八日から三日間、備蓄分を含め毎日六〇〇万枚をコンビニ各社に放出し、一日の購入数を一人三枚に制限した。

それでも、日本同様、コンビニを何軒も回って購入する市民が続出して品薄は止まず、感染症指揮センターは一転、域内の生産量を全量買い上げた上、二月六日以降、購入を

「実名制」に変更した。

約六〇〇〇軒の指定薬局で、健康保険証を提示した市民に一週間につき二枚を販売。価格は一枚五台湾元（約一八円）と安く、事実上の配給制といえる。市民は保険証番号の偶数と奇数で購入日が分けられ、保険証はＩＣチップ付きで購入履歴が記録されるため、不正はできない。居留ビザに相当する「居留証」を持つ外国人は購入可能だが、短期滞在の旅行客は事実上、購入できず、販売を台湾の市民に限定した仕組みだ。

ただ、指定薬局一軒当たりの配布数が二〇〇枚だったため、都市部で長蛇の列に並んでも買えない市民が続出し、列への割り込みなどで不満が高まった。

すると、今度はＩＴ担当の唐鳳《とうほう》政務委員（閣僚）が、衛生当局が持つ薬局の在庫情報を民間に公開し、店ごとの残量をスマートフォンやパソコンの地図上に表示するアプリの開発を促した。

唐鳳は二〇一六年十月に史上最少の三十五歳で閣僚に就任した当時から「ＩＱ一八〇以上」とメディアに注目され、性同一性障害であることも民進党政権の「多様性」を示す鳴り物入りで抜擢された人物だ。

マスクアプリ開発でも、自身は提唱しただけで実際に開発したのは民間企業だったが、内外メディアから大いに注目された。「悪平等」ではあっても不必要な列に並ぶ必要がなくなり、不公平感の低減に貢献したことは確かだ。マスクの増産が需要に追いつくまで、世論をなだめる効果はあった。

アプリで不公平感を無くす一方、感染症指揮センターはマスクの絶対量の不足を補うため、増産と生産ラインの増設にも乗り出していた。

経済部（経産省）は、補助金を出して計六〇の生産ラインを増設し、民間企業に軍人を派遣して生産を手伝わせた。

この結果、春節休暇期間中に日産一八八万枚に落ち込んだ生産量は、三月上旬までに日産一〇〇〇万枚にまで増えた。

台湾の人口は二三〇〇万人。市民の全員が毎日使えるほどの供給はできないが、短期間で生産規模は中国に次ぐ世界第二位にまでこぎつけた。この結果、三月五日からマスクは一週間で大人は三枚、子供は五枚まで買えるようになり、十二日からはネットでの予約販売も始まり、状況は徐々に改善されていった。

冷徹だった「防疫優先」対応

蔡政権の防疫優先主義は、一部で同胞に対する冷徹な対応も生んだ。武漢が一月二十三日に封鎖されて以降、日本や米国がチャーター機を派遣して在留邦人の退避を図る中、台湾当局も当然、同じ動きを見せた。

大陸委員会によると、武漢には通常時で、企業関係者約二〇〇〇人や留学生約五〇〇〇人が滞在しており、春節の帰省の影響で人数は減ったものの、短期出張者ら四〇〇人以上が残っているとみられた。

大陸委員会や窓口機関の海峡交流基金会には、春節休暇中に「救出」を求める電話が相次いだという。このため、蔡政権も窓口機関を通じてチャーター機の派遣を打診したが、中国側からなかなか許可が得られなかった。日本は一月中に第一陣約二〇〇人の帰国に成功したが、台湾は進展がなかった。

理由は簡単だ。

中国政府は「台湾は中国の一部だ」とする「一つの中国」原則を掲げており、台湾を

「外国」扱いしていない。日本や米国がチャーター機を派遣した際ですら、「武漢から脱出する印象になる」と難色を示し、武漢市民の目につきにくい夜間の離陸を要求したとされる。その中国が、台湾が派遣するチャーター機などすんなりと受け入れるわけがない。

蔡総統は一月三十日、「相手方と意思疎通を図り、武漢に残った国民を連れて帰りたい」と声明を出し、交渉が難航している事実を認めた。

事態が急転したのは二月三日だった。

中国側が自前で用意した中国東方航空で台湾に送り届ける方式に合意したのだった。名目は、台湾人の退避ではなく春節休暇の前後で慣例となっている中台間の直行便の「増便」という位置づけ。中国側がメンツを守りつつ、台湾世論のこれ以上の悪化を避ける狙いがあったとみられる。事前の報道では、第二陣は五日に武漢を出発する予定だった。

だが、三日の第一陣が台湾に戻った直後、状況は再び暗転する。

深夜、桃園国際空港に到着した中国東方航空機には二四七人が搭乗していたが、事前の搭乗名簿にない人物が三人乗っており、うち一人に感染が確認されたためだ。

また、台湾籍ではない中国籍の配偶者も六〇人近くいたとされる。台湾側の受け入れ態勢は、地上要員の全員が防護服で完全装備し、搭乗していた全員を救急車で隔離施設に届けるというまさに「防疫優先」態勢。

蔡政権は、公には認めていないものの、中国側との交渉で「感染者の帰還は認めない」と要求していたとみられる。水も漏らさない防疫態勢の台湾側は、名簿にない感染者を乗せた中国側の意図を、「台湾にトロイの木馬を送り込んだ」（台湾メディア）と解釈した可能性がある。

五日の予定だった第二陣は、「そもそも話し合っていない」（大陸委員会）とされ、一カ月以上も先送りとなった。

この間、一部の台湾メディアが武漢に取り残された台湾人にネットを通じて取材し、医薬品はおろか日々の食料の入手にも苦労する状態を伝えたが、蔡政権の「防疫優先」姿勢は揺るがなかった。

結局、第二陣は三月十日にようやく実現することになり、今度は台湾側が派遣した中華航空の一機が十日深夜、中国側の中国東方航空一機が十一日早朝、計三六一人を台湾に運んだ。

陳時中衛生福利部長は、「搭乗できるのはウイルス検査で陰性で、発熱のない人に限る」として、希望者全員の帰還より防疫を優先する方針を堅持した。

中華航空機が武漢を離陸する直前、機内の二人の体温が基準を超えたため離陸を取りやめ、体調不良の女性とその家族の計三人を下ろす騒ぎにもなった。米国は、発熱などの症状がある人物を機内で隔離して退避させており、台湾の対応は「防疫」のために、同胞を見捨てたと言われても仕方のない冷徹なものだった。

記者会見は質問し放題

こうした場当たり的とも受け取れる「実行主義」と、批判を招いてもおかしくない「防疫優先主義」を支えているのが、徹底した「リスク・コミュニケーション」だ。陳時中衛生福利部長は一月二十三日以降毎日、記者会見を開いている。会見は一日に二回の場合もある。発表内容に関連する部局の担当者、時に外交部長（外相）や内政部長（内相）など閣僚が同席する。

記者会見の模様はネットで中継され、現場の記者から質問が出なくなるまで続けられる。このため、平均時間は一時間以上に及ぶ。時には質問が重複することもあるが、陳は激高することなく、冷静に丁寧に質問に答える。

武漢ウイルス禍が日本を襲った初期の頃、首相会見はおろか厚労大臣の記者会見も短時間ですませた日本とは大違いである。

台湾では道教の女神「媽祖《まそ》」の信仰が盛んで、毎年三月に台湾各地の廟で大勢の信者が集まる宗教行事が開かれる。

当然、感染の可能性が高まるため、政権側は自粛を要請した。

一方、準備を進めてきた一部の主催者は「媽祖が守ってくれる」と色をなして反発する姿勢を見せた。これに対し、陳は機転を利かせ「慈悲の心を持つ媽祖を心配させてはいけない」と説得し、主催者側も延期を受け入れた。

武漢からの退避第一陣が戻った翌日には、ほぼ不眠不休の陳が、声を詰まらせて涙を流す場面もあった。陳は、「第一線の人員がこんなに苦労して……」と語っただけで、涙の理由を説明しなかったが、彼の体調を心配する声はあっても批判する声はほとんど出なかった。

陳は記者会見以外でも、常に前線に出ている姿が報じられている。

武漢からの退避便はもとより、横浜港に停泊し集団感染が発生したクルーズ船「ダイヤモンド・プリンセス」から台湾人乗客一九人がチャーター機で台湾に戻った際も防護服に身を包んで空港で出迎え、十四日間の隔離生活が終わる際には深夜に隔離施設に駆けつけてケーキにろうそくを立てて祝ってみせた。

時間を問わず、対応に決して手を抜かない彼の姿勢に、メディアは「鉄人部長」と異名を付けた。

一方、蔡総統は大きな政治決定が必要な場合に、元々、好まない記者会見をたびたび開き、世論の説得に努めている。また、マスクの生産ラインを視察するなどして、政権の取り組みを間接的に宣伝する役割に徹している。

テレビでは定期的に感染症指揮センターのＣＭが流れ、手洗いの方法や、病状に関するフェイクニュースへの罰則など、防疫に必要な情報が市民に伝わるように努めている。

こうした努力の結果、大手衛星テレビ局ＴＶＢＳが二月下旬に行った世論調査で、政権の対策に「満足」は八二％、「不満」はわずか八％という高い支持率を得ている。

防疫は第二段階に

そろそろ「台湾の奇跡」のまとめに入ろう。

蔡政権が防疫の第一段階で成功した背景には、中国への忖度を抜きにした果断な渡航制限と「防疫最優先」を堅持する姿勢、そして丁寧な世論対策があった。

そして、果断な渡航制限を可能にしたのは中国に対する政権の覚悟もあった。「一つの中国」を認めない蔡政権は元々、中国市場に依存する経済からの脱却を目指し、インドや東南アジア諸国との経済連携を強化する「新南向政策」を掲げてきた。中国市場から引き揚げて台湾に投資する企業に、様々な支援も行ってきた。

実際の輸出依存度は、ほぼ四〇％で変わっていないのが実態だが、この四年間で世論の雰囲気が中国経済への魅力を以前ほど感じないようになったことは確かだ。

蔡政権は、武漢コロナウイルス対策で六〇〇億台湾元（約二二〇〇億円）の特別予算を提出、立法院は三月十六日に可決した。

うち、約四〇〇億台湾元（約一五〇〇億円）が観光業や中小企業などへの景気対策だ。蔡総統は三月二十日、さらに四〇〇億台湾元を景気対策につぎ込む考えを表明した。

中国からのウイルスの流入阻止には成功した台湾だが、欧州や米国での感染者急増を受けて帰郷した台湾人から感染が相次いで確認され、三月十八日に感染者は一〇〇人を超えた。

感染症指揮センターは三月十九日からすべての外国人の入域を禁止し、二十一日からは台湾人の海外渡航も事実上禁止したが、一〇〇人突破から一週間もたたない二十四日に二〇〇人を超し、四月七日現在で三七三人と台湾の防疫は第二段階を迎えている。

それでも、巨大な感染源である中国に隣接する台湾が第一段階で防疫に成功した事実は、感染症対策の好例として日本は大いに参考にすべきであり、長く記憶にとどめる必要がある。

第七章　失敗を繰り返さぬために

「熱しやすく、冷めやすい」国民性は、何も日本だけの専売特許ではない。お隣の韓国では、何かと我が国が気になるようで、「竹島が……」「慰安婦が……」「産経新聞が……」などと、なんやかんやと日本のやることなすこと新聞やテレビが難癖をつけて、それを真に受けた人々が激高、日本大使館前までデモ行進し、旭日旗を燃やして気勢をあげるのが常である。

そのくせ、大阪にしょっちゅう買い物に出かけ、たまに東京ディズニーランドで遊び、九州の温泉につかって帰る。武漢コロナウイルスでも、「日本が中国と同じように韓国を対象に入国規制をしたのはけしからん！」と騒ぎ立てたが、そのうちまた元通りになるだろう。

そんな韓国ですら（失礼！）、二〇〇九年の新型インフルエンザや五年前のＭＥＲＳ（中東呼吸器症候群）での苦い経験を教訓とし、武漢コロナウイルス対策に活かした。

韓国の中央防疫対策本部によると、新興宗教団体「新天地イエス教会」信者の感染が確認された二月十九日の直後に、一日一万人検査できるようにし、ピーク時には一日二万人近くを検査したという。「感染を疑っている人」に対しても積極的に検査を実施していった。このころ、日本では医師が「肺炎患者に検査を受けさせたい」と保健所に要望しても、なかなか検査を受けることができなかった。

なぜ、韓国でできて、日本でできなかったのか。

韓国では、まだ患者が韓国に出ていなかった一月に検査キットの開発をスタートさせ、二月四日には六時間で検査を完了することができるようになった。同時に大量の検査キットを医療機関に配布したのである。

検査システムも工夫した。一般の人が簡単に検査を受けられるよう、車に乗ったまま検査を受けられる「ドライブスルー」方式も編み出したのである。これだと検査を十分で済ますことができ、かなりの確率で、院内感染を防げる。

MERSの教訓から、「早期発見、早期治療」を実践した結果、一時的に感染者数は増えたものの、ほどなく沈静化したのである。

一方、日本では、SARSにせよ、MERSにせよ、新型インフルエンザにせよ韓国ほどの被害が出なかったこともあって、のど元過ぎればさっさと熱さを忘れてしまったのである。

今回のウイルス禍も来年になれば、問題点も教訓もケロッと忘れてしまう可能性だってある。だからこそ、事態が進行中のいまこそ、教訓を引き出し、二度と失敗を繰り返さないようにしなければならない。私なりに五カ条の教訓と提言をまとめてみた。

其の一
中国共産党の顔色を見るな

武漢コロナウイルス禍で忘れてならないのは、中国共産党の一党独裁体制が、ウイルス禍が武漢で発生したときに地方政府ぐるみの情報隠蔽を招いて、対策を遅らせ、それがゆえに全世界に被害をばらまいたという厳然たる事実である。

トランプ米大統領は「もし中国政府がもっと早い段階でウイルスの存在を認め、拡散防止を行っていれば、このような事態は防げた」と述べたが、まさしく正論である。

一九四九年（昭和二十四年）の中華人民共和国建国以来、中国共産党の一党独裁体制は七十年以上も連綿として続いてきた。

なぜ、こんな当たり前なことをわざわざ書いたかと言えば、中国が「民主主義国家」だと思い込んでいる国会議員が、いまだにいるからである。

民主党政権で総務大臣まで務めた原口一博衆院議員は、「中国は民主主義国家です。一党独裁ではないかという私の問いに（中国側は）共産党一党独裁ではない、他に六（党）あると答えてくれました。彼らにも人権を守る姿勢があります」（令和二年一月十七日）とツイートした

そもそも共産党以外に中国で認められている政党は、中国民主同盟、中国農工民主党など八あり、六ではない。

ただし、いずれの政党も綱領で「共産党の指導を受け入れる」ことが明記されている。いわば共産党の「衛星政党」であって共産党の指導下にある。ゆえに、原口議員に「六ある」と親切に教えてくれた中国の偉いさんでさえ、数を間違うほど、影が薄い。

原口議員の名誉のために付け加えると、いまやベテラン議員となった彼には、鄧小平《とうしょうへい》が最高実力者のとき呼号していた「改革開放」路線のイメージが残っていたのかもしれない。

鄧小平は、毛沢東が死去し、毛夫人の江青ら四人組が追放された後に実権を握ると、「改革開放」路線を掲げ、「白い猫でも黒い猫でもネズミを捕る猫はいい猫だ」という実利主義、「先に豊かになれる者から富ませる」という先富論を唱えた。

あたかも中国が「改革開放」路線によって資本主義を採り入れ、民主化に向かうのでは

ないか、という錯覚を西側世界に与えたのである。とりわけ、日本の政財界人は、昭和五十三年に来日した鄧小平を大歓迎し、中国の近代化路線を強力に後押しした。

しかし、鄧小平が推進した「改革開放」は、まやかしの代物だった。

毛沢東が主導した文化大革命によって壊滅的打撃を受けた中国経済を立て直すために西側諸国に「改革」イメージを振りまいて資金と技術協力を引き出し、安価な労働力を武器として中国を世界の工場にしようという「富国強兵」策に過ぎなかったのだ。

もちろん鄧小平自身には、共産党の一党独裁体制を変え、民主化路線に舵を切るつもりは、さらさらなかった。

それが明確になったのが、一九八九年（平成元年）六月四日の天安門事件である。

民主化を求める学生や市民たちが天安門広場を占拠し、一党独裁体制崩壊の危機に立たされた鄧小平は、鎮圧のため躊躇なく人民解放軍を出動させ、無防備な学生や市民に容赦なく銃撃を浴びせた。正確な死傷者数はいまだに明らかにされていない。

即座に欧米は、中国に厳しい経済制裁措置をとり、日本も右へ倣えして円借款供与を停止した。

将来性豊かな中国の市場に目がくらんでいた日本の経済界は、一刻も早く円借款の再開と制裁解除を女性スキャンダルで短命に終わった宇野宗佑政権を継いで誕生した海部俊樹《かいふとしき》政権に強く要望した。

ときの海部政権は、中国と太いパイプを持っていた竹下登元首相が実質的に率いていた経世会の強い影響力下にあった。早い話が、パペット（操り人形）政権だったのである。

竹下の強い要請もあって海部首相は、天安門事件以後、西側諸国首脳として初めて訪中し、円借款を再開した。アメリカをはじめとする西側諸国は、ほどなく経済制裁を解除し、日本に右へ倣えした。

中国の驚異的な経済成長は、海部訪中が起点となったのだ。

しかし、その歴史的事実を中国が恩に着ているそぶりはまったくない。

中国とまったくつきあわずに、日本経済が成り立つかと言えば、答えはノーである。

とはいえ、第五章で指摘したような中国に全面的に依存した経済システムは、もろくも武漢コロナウイルスによって崩壊した。この事実から目を背けるべきではない。

中国共産党の一党独裁に起因するチャイナリスクは厳然と存在する。

心ある日本の政財界人よ。二度と再び中国共産党の顔色を見るな。人間としての誇りがあるならば。

其の二

厚労省を解体し、日本版ＣＤＣを創れ

横浜に停泊した「ダイヤモンド・プリンセス」号の検疫作業で失敗し、大量の感染者を出してしまったことが象徴するように、厚生労働省の機能不全が白日の下になった。

厚労省が、一月の段階で武漢コロナウイルスを甘く見ていたのは確かだ。

日本で初感染者が出た直後、厚労省の担当者は、今後の流行の有無について尋ねる記者に「従来のインフルエンザより少し強い程度で、大したことはない。対策もうがい・手洗いの励行でいいのではないか」と言い放っていた。

担当者は末端の職員ではなく、かなりの権限がある幹部クラスの職員なのだが、省内の大半は、この程度の危機感しか持ち合わせていなかったのである。

アメリカでは、いち早くＣＤＣ（疾病対策センター）が動き、武漢からアメリカ各地を結んでいた直行便の乗客を別室に移して徹底的に検査を開始していた時期である。

アメリカのＣＤＣは、「米国民の健康と安全を守る」ため一九四六年に発足。アトランタに本拠を置く中央省庁から独立した機関であり、職員一万数千人、予算は約一兆二〇〇〇億円で、世界を股にかけての情報収集や検疫作業はむろん、国民への広報など感染症対策の司令塔となっている。

一方、日本の国立感染症研究所は人員わずか三〇〇人、予算約八〇億円とアメリカと三桁違う。

しかも予算と人事を握っているのは厚労省であり、同省幹部の大半は（その他の霞が関官庁よりは理系が多いものの）東京大学法学部卒を中心とする文系なのである。感染症に関しては「素人集団」が司令塔では、先手必勝の感染症対策に大きく出遅れるはずだ。

実は、平成二十一年に発生、世界を席巻した新型インフルエンザ対策でも厚労省は出遅れ、「日本版ＣＤＣ」創設論が一時盛り上がった。

しかし、新型インフルエンザの流行が一段落すると、平成二十三年の東日本大震災もあって人々の関心が薄れ、創設の動きは頓挫した。もちろん、既得権益を守ろうとする厚生労働省とその応援団である「厚労族」議員の巻き返しも激しかったが。

感染症対策は、国家の存亡を左右する。いまこそ国家安全保障の見地から見直す好機である。

ウイルス禍の記憶が冷めぬいまこそ、厚労省を解体し（そもそも厚生行政と労働行政を省庁の数を減らす数あわせのためだけにくっつけたのがおかしい）、国内のみならず、世界各国の大学や研究所などの英知を結集して、首相官邸直属の日本版ＣＤＣを創設しなければならない。

其の三

憲法に緊急事態条項を

武漢コロナウイルスは、憲法を頂点とする日本の法体系の不備をも露わにした。

安倍政権は、一部野党の協力を得て新型インフルエンザ等対策特別措置法改正に着手し、三月十三日に改正法は成立した。

しかし、改正特措法もアメリカやフランスなどが実施した外出禁止などの命令に違反した者に対し罰則が科せられる「ロックダウン」（都市封鎖）を可能とするものとはならなかった。

「与野党一致」（実際は共産党などが反対した）を演出するため、私権の大幅な制限には踏み込まなかったのである。

改正特措法は、ウイルスの感染拡大によって国民生活と国民経済に甚大な影響を及ぼす恐れがある場合、首相が緊急事態宣言を発出し、都道府県知事が具体的な対応を住民に要請する枠組みなのだが、強制力はないに等しい。

たとえば、フランスで買い物などを除き、国民の外出を禁止したような感染拡大防止のため住民に「外出禁止」は命令できず、必要な協力を「要請」するにとどまっている（四五条一項）。

また、大規模なイベントも諸外国では、強制的に中止できる権限を行政府が持っている場合がほとんどだが、改正特措法は興行場等に対し使用制限や停止等の措置を講じるよう「要請」し（四五条二項）、正当な理由がないのに応じないときは措置を講じるよう「指示」（四五条三項）できるようになったのだが、罰則はなく、強制できない。

三月の連休、さいたまスーパーアリーナで総合格闘技K−1のイベントが、埼玉県知事の「要請」を振り切って強行されたが、たとえ「緊急事態宣言」が発令されても、字面の上では、知事の「要請」が「指示」に〝格上げ〟されるものの、強制力が伴わないのは同じ。つまり、宣言が発令されても法的には、K−1イベントができる〝ザル法〟なのである。

政府も自治体も「お願い」しかできない以上、興行主などへの休業補償もなきに等しいものにならざるを得ず、国民の不満はかえって増大した。

なぜ、そんな中途半端な法律しかできなかったといえば、野党対策もさることながら日本国憲法に法律上の緊急措置を担保するための条項、つまり「緊急事態条項」がないことが大きい。

東日本大震災でも、憲法に「緊急事態条項」を加えるべきだ、という議論が巻き起こったが、ときの民主党政権は一顧だにしなかった。

安倍政権が発足しても「熱さを忘れて……」で、「緊急事態条項」に関する憲法改正論議は盛り上がりを見せず、今回の事態となった。

憲法九条論議を一時棚上げしても、憲法への「緊急事態条項」が、まさに緊急の課題であることを国会議員は肝に銘ずべきだ。

其の四

国会を一院制にせよ

国会の機能不全もまた露わになった。第三章に詳述したように、武漢コロナウイルスの危険性が認識されてしかるべき一月二十日以降も、野党は「桜を見る会」やカジノ疑惑など、コロナ禍に比べれば「不要不急」の問題を重点的にとりあげ、審議時間を浪費した。その一方で、曲がりなりにも私権制限を盛り込んだ「新型インフルエンザ等対策特別措置法」改正案は、緊急性があったにせよ、国会では議論らしい議論もなく、成立した。

こうした憲法論議に行き着かざるを得ない重要な問題こそ、「緊急事態」ではない平時から論議していなければならないのに、党利党略もあって一歩も進んでいなかった。衆参両院の憲法調査会は、いまだに開店休業の状態が続いている。そのツケが、改正特措法の論議なき成立としてまわってきたのである。

立憲民主党の若きエースだった山尾志桜里衆院議員が、反対の立場からではあったが、論議なき法案成立に怒り、「立憲民主党に立憲主義はない」と三行半をたたきつけた気持ちはよくわかる。

「国会が唯一の立法機関」であることを、ほとんどの国会議員が認識していない、あるいは自ら放棄しているといっても過言ではない。法律をつくるのは政府であり、政府から国会に送り込まれた法案について与党なら賛成、野党なら反対するだけが、国会議員の仕事だと思い込んでいる。

私は学生時代もそうだったが、平成元年に政治記者になってからしばらくは、なんとなく二院制が望ましい、と考えていた。

二院制の国の方が、一院しかない国よりもなんとなく国の格が上のような気がしたし、政府提案にせよ、議員提案にせよ、法案を両院で十分な時間をとって論議し、成否を決めることは、多少時間がかかっても議会制民主主義のコストだと半ば信じていた。

それが、どうやら違うな、と感じ始めたのが、参議院選挙で与党が敗れて衆参ねじれとなると、党利党略によって国政が目に見えて滞るようになってからだ。

しかも日本の場合、諸外国に比べて国政選挙が多すぎる。参議院選挙は三年に一度あり、衆院議員の任期は四年だが、首相に解散権があるため任期を満了するケースは、まれである。

特に第一次安倍政権下の参院選挙で自民党が大敗して、衆参ねじれとなり、小沢一郎が実質的に仕切っていた民主党は、「何でも反対」を徹底し、国民生活に直結する法案も通らなくなり、日本経済に深刻な悪影響を与えた。

平成時代の「失われた二十年」は、政治の混迷が最も大きな要因であったのは疑いを得ない。

参議院なんて要らない、と確信したのはこの頃である。

二院制は、貴族と平民という身分制度が存在した時代には必要だったが、いまやその意義を失って久しい。

国家的危機が頻発し、迅速な立法作業が求められているいま、首相指名権のある衆議院だけで十分である。

一院制にする場合、参議院と同時に廃止せねばならないのは、首相の解散権である。解散権をなくせば、衆議院選挙は四年に一度に固定される。

選挙に自信のない大半の衆議院議員は、当選から一年も経つと、「常在戦場」という気分になり、地元での選挙活動に重きを置く。つまり、立法作業より、選挙運動が主たる仕事になり、国政が疎かになってしまっている。

任期を固定すれば、腰を据えて立法作業に専念できる（はずである）。

しかも議院内閣制の日本では、単独にせよ連立にせよ過半数をとった与党の党首が半ば自動的に首相に選ばれる。

つまり、首相の任期も事実上、一期四年に固定され、政治の継続性が担保されるというまさに一石二鳥だ。野党はといえば、四年後に焦点をあわせて人事を刷新し、政策を磨いて捲土重来を期せばいい。

いいことずくめの一院制をいまこそ導入する大チャンスである。

もちろん、そのためには憲法改正が必要で、何よりも参議院の激しい抵抗が予想される。既得権益に縛られた与党にはできない荒技だろう。

「安倍一強」の前になすすべもない野党の諸君、これぐらい大風呂敷を広げて勝負してはいかがかな。

其の五

自分の身は自分で守ろう

五つの教訓のトリは、やはりこれだろう。

アメリカでは、武漢コロナウイルス禍が広がり始めると、銃の売り上げが急増した。度重なる銃による悲劇もどこへやら、西部開拓時代以来の「自分の身は自分で守る」というヤンキー魂が、危機に臨んで大脳の古層から沸き上がったとしかいいようがない。

それに引き替え日本では、パンデミックの危機がひしひしと迫っていた三月も四月も電車は平常通りに動き、学校は休校になっていても学習塾には多くの小中学生が通い続けていた。

こうした日本人や日本政府の対応ぶりは、外国メディアから「日本人は真剣に受け止めていない」（ニューヨーク・タイムズ電子版三月二十六日付）などと批判されるなど、諸外国には政府の対策が生ぬるく、国民も自分自身を守ろうという意識が薄いように映ったようだ。

なぜ、「自分の身を自分で守ろう」という意識が日本人に希薄となってしまったのか。

その淵源に、七十五年前の敗戦による連合国による占領がある、と私は思う。

ＧＨＱ（連合国軍総司令部）は、それまで日本人が持っていた欧米列強に対する「自存《じそん》自衛《じえい》」意識を完膚なきまでに否定した。

明治憲法を改正する形で、まったく趣の違う憲法前文に「平和を愛する諸国民の公正と信義に信頼して、われらの安全と生存を保持しようと決意した」という一文を入れて、二度と再び日本が「自存自衛」意識を持たぬよう〝洗脳〟したのである。

このＧＨＱの思惑はぴたりと当たり、日本は一度も自らの手で憲法を改正することができていない。

つまり、日本の安全保障は、戦後一貫して「平和を愛する諸国民の公正と信義」に依存してきた。具体的には、平和を愛しているかどうかは別にして、アメリカの「公正と信義」、言い換えれば日米安全保障条約に寄りかかってきたのである。

武漢コロナウイルス禍において、政府がいくら「緊急事態」を宣言しても、法的には強制力を伴わない対策しか打てないのも最終的には、諸外国では盛り込まれていることの多い緊急事態条項を欠く憲法の欠陥に行き着く。

これまでも幾度となく専門家から強い要望の出ている日本版ＣＤＣができないのも、感染症対策を国家安全保障の観点からとらえ、実行してこなかった歴代の政権と憲法論議を回避してきた国会、それにわずらわしい「国家安全保障」政策から目を背けてきた日本人全体の責任である。

武漢コロナウイルス禍というかつてない世界的危機に正面から対峙せねばならないいまこそ、「自分の身は、自分で守る」という、シンプルな「生きる力」を日本人は、回復させなければならない。

世界が鎖国状態になれば、アメリカも中国も、ましていわんや韓国が助けてくれるわけではないのだから。

おわりに　コロナ禍以前の世界にはもう戻れない

戦争を知らない戦後生まれにとって、さきの大戦と敗戦ほどの「国難」は、なかなか実感しづらいものがあった。

平成の三十年余りでもバブル崩壊に始まり、四半世紀前の阪神大震災と地下鉄サリン事件、それに九年前の東日本大震災と、「国難」と呼べる事態は幾度かあった。

だが、中国・武漢発の新型コロナウイルスは、現時点で特効薬がなく、全国民、いや世界の人々に恐怖が蔓延している。

ガラガラの羽田空港や新幹線が象徴するように、世界中のヒトとモノの流れが麻痺状態となった。

株価は暴落、リーマンショックを上回る「世界恐慌」の様相を呈し始めた。

まさに敗戦以来、七十五年ぶりの「国難」といえる。

いま対応を誤れば、バブル崩壊後の「失われた二十年」の再来をも覚悟せねばならない。

そうした中、新型インフルエンザ等対策特別措置法改正案を与野党一致して（共産党などは反対したが）成立させたことは、対策強化への一歩として評価したい。

新型コロナを前に与党も野党もない。

安倍晋三首相は、野党の主張に耳を傾け、野党も一定期間、政治休戦し、一致団結して国難に立ち向かってもらいたい。

改正案成立によって、首相は新型コロナウイルスなど国民の生命に甚大な影響を及ぼす恐れがある場合に緊急事態宣言を発令し、都道府県知事は住民に不要不急の外出の自粛やイベント開催の制限を要請・指示できるようになる。

これまでの国会審議で政府側は、私権制限を伴う緊急事態宣言の発令に慎重な姿勢をみせているが、そういった事態になれば、躊躇《ちゅうちょ》なく決断すべきだろう。

日本は、中国が武漢を封鎖した直後に、中国から入国を拒否すべきだったのを見送り、北海道が独自に強制力のない非常事態宣言をせざるを得ない事態に追い込まれた。

二度と同じ轍《てつ》を踏んではならない。

いま、政府が第一にやるべきは、国民の生命と健康を守り抜くという国家意思を明確にし、国民の不安解消のため積極的に情報を公開し、具体的な対策を打ち出すことに尽きる。

特にワクチンや特効薬開発を国家プロジェクトとし、多額の資金を供与するなど、全力で支援すべきだ。

ウイルスの恐怖から人々が解放されない限り、どのような経済対策を打とうと効果はしれている。

「国民の生命と健康が第一」という観点からすれば、七月に迫った東京オリンピック・パラリンピックを予定通り実施することにこだわる必要はない。

もちろん、開催できれば最善だが、夏までに日本国内での感染を抑え込めたとしても、世界的な大流行が収まる可能性はゼロに近い。

トランプ米大統領が、五輪開催について「一年間延期した方がよいかもしれない」と述べたのも当事者ではない第三者としては、もっともな意見である。

五輪旗の五つの輪は、アジア、ヨーロッパ、南北アメリカ、オセアニア、アフリカの五大陸を象徴し、その連帯を謳《うた》っている。

五つの輪の、どの輪が欠けてもオリンピックとは言い難く、参加を希望するすべての国が参加できる環境整備をするのもホスト国の務めである。

日本にとって最悪のシナリオは、直前まで粛々《しゅくしゅく》と準備を進めたにもかかわらず、土壇場になって国際オリンピック委員会（ＩＯＣ）が開催そのものを中止してしまう事態である。五輪開催の可否決定は、ＩＯＣの専権事項であり、異議申し立てはできない。

安倍晋三首相は、トランプ大統領との電話会談で「コロナウイルスとの戦いに打ち勝って五輪を成功させたい」と予定通りの開催に意欲を示したが、次善の策として延長についてＩＯＣと真剣に交渉すべきだ。

ＩＯＣのバッハ会長も「ＷＨＯの助言に従う」と述べ、含みを持たせている。延期案は年末まで、一年後、二年後と三つあるが、中止や無観客開催に比べ、はるかにダメージは小さい。

事態はそこまで深刻だ。

むしろ、国民の方が冷静に判断しているのではないか。

事態沈静の後に「コロナウイルスからの復興五輪」を開く方が、都民や国民の理解を得られよう。

幻となった一九四〇年東京五輪の悲劇を繰り返してはならない。

NYタイムズ「東京五輪を中止せよ」

以上は、安倍晋三首相が東京オリンピック・パラリンピック延期を決断、IOCのバッハ会長と直談判し、「一年延期」が決まる十日前の三月十四日付産経新聞一面に「団結し『国難』に立ち向かえ　東京五輪の延期も選択肢だ」と題して私が書いた記事である。

令和二年三月十四日の時点で、IOCも日本側も予定通り同年七月に東京五輪を開催する方針は、微動だにしていなかった。

三月十二日、ギリシャのアテネで聖火採火式が挙行された際、IOCのバッハ会長と武藤敏郎東京五輪組織委員会事務総長が会談し、聖火リレーの予定通りの実施と七月開催を確認していた。

会談でバッハ会長は、日本のウイルス対策を賞賛し、「東京での開催に何の問題もない」と断言した。ただ、世界各国で繰り広げられていたはずの各競技の予選が軒並み中止を余儀なくされている事態を憂慮、最終的には五輪参加選手をIOCが認定する可能性に言及したという。

つまり、たとえば選手枠が一人のところが、予選が行われないために力が拮抗している選手二人のうちいずれかを選別できず、ＩＯＣが二人とも選手として認定すれば、当然、予定より参加選手が増える。そのことを念頭に宿舎の準備をしてほしい、と組織委員会の事務総長に求めたのだ。やる気満々である。

これはまずい、と私は直感した。

ちょうどこの頃、アメリカや欧州で爆発的に感染者が増えており、このまま「七月開催」で突っ走れば、無観客開催ならまだましで、欧米のメディアが騒ぎ出し、ひょっとすると中止に追い込まれかねないと感じたのである。

案の定、日本嫌いで定評のあるニューヨーク・タイムズは、三月十八日付で「オリンピックを中止せよ」との大見出しを掲げ、「世界的に新型コロナウイルスが大流行する中、開催は極めて無責任だ」という専門家の意見を引用する形でＩＯＣを痛烈に批判した。

東京五輪が中止になれば、オリンピック・パラリンピックを待ちわびていたアスリートたちが落胆するばかりか、オリンピック・ムーブメント（スポーツを通じて友情、連帯、フェアプレーの精神を培い、世界の人々が連帯し、世界平和を目指す運動）にも水を差す。

もちろん、スポーツに縁がなく、俗人の典型である私は、東京五輪中止が、日本経済に計り知れぬダメージを与える方をより懸念していたのは告白しておかねばなるまい。

そこで社内の各セクションに無理を言って、異例ではあるが、論説委員長名で一面に中止という最悪の事態が回避されることを願って、事実上の「五輪延期論」を書かせてもらったのである。

記事の影響があったかどうかはともかく、事態は翌週から急速に動き出した。

ニューヨークなどでの感染爆発はさらに加速し、さきほど紹介したニューヨーク・タイムズをはじめ有力メディアが軒並み「中止・延期」論に傾きだした。

さすがのバッハ会長も態度を急変させる。

三月二十二日に、東京五輪組織委員会の森喜朗会長と電話会談し、予定通りに七月開催を断行する可能性も残しつつ、「別のシナリオ」の検討に入る方針を明かしたのである。

「別のシナリオ」とは、東京五輪の延期にほかならなかった。

「一年延期」の大博打

武漢コロナウイルス禍対策の初動で大きく出遅れ、支持率を大きく落とした安倍首相には、まだツキが残っていた。

今井尚哉首相秘書官の進言をいれて、既にすきま風が吹いていた菅義偉官房長官だけでなく、側近であり主管大臣を務める萩生田光一文科相にも何の相談もなく、全国の学校を一斉休校させるよう要請したのである。

法的にはかなりきわどく、野党のみならず与党からも批判の嵐を受けたが、まさしく結果オーライだった。

疫学的には全国一斉の学校休校が、感染拡大防止にどれだけ役立ったかは、いまなお証明は難しく、不可能に近い。

しかし、休校となる学生生徒の子を持つ親ばかりでなく、一般の国民をも驚かせ、武漢コロナウイルスに戦うというリーダーの確固たる姿勢をみせたことで、支持率は急回復した。感染者数の伸びも一斉休校が続いていた三月末までは、想定の範囲内に抑えられた。

第一の賭けに、首相は勝ったのである。

続いて首相が打った二番目の賭けが、東京オリンピック・パラリンピックの開催「一年延期」である。

「中止」という選択肢は、日本政府を代表する安倍首相にも、開催地である東京都を代表する小池百合子都知事にもまったくなかった。

だが、二十二日の森・バッハ会談の顚末《てんまつ》を聞かされた安倍首相は、中止はないものの、延期の流れは止められないと観念した。

と同時に、延期期間を「一年」とすることを自らがバッハ会長に提案しようと即断し、二十四日にバッハ会長との電話会談が実現したのである。

五輪問題でも窮地に立っていた首相は、「一年延期」で主導権を握り、反転攻勢に出たのである。「一年延期」効果で、暴落を続けていた日経平均株価は翌日急騰し、とりあえずは二番目の賭けにも勝ったのである。

では、なぜ武漢コロナウイルス禍が終息するかどうか、まったく予想がつかなかった三月二十四日の時点で、「一年延期」を提案したのか。

東京招致の立役者である電通出身で、東京五輪組織委員会の高橋治之理事が、既に「二年延期」のアドバルーンをあげていたにもかかわらず。

後日、組織委員会関係者は、「一年延期」の理由について①二年延期だと、ほとんどの競技で選手をもう一度選び直さなくてはならなくなる②二年延期は一年延期よりはるかに巨額のコストがかかる③二〇二二年には、先に北京で冬季五輪が予定され、東京の影が薄くなる――といった理由を挙げたが、首相が森会長や小池知事らと十分すりあわせて提案した形跡はない。

当然、令和三年九月に迫った首相の自民党総裁としての任期切れという政治カレンダーが密接に絡んでいるのは間違いない。

首相は四月三日、自民党の岸田文雄政調会長と会談。コロナ禍で所得が急減した世帯に三〇万円を支給する方針で一致し、その結果を岸田に発表させて花を持たせた（結局は、全国民一律に一〇万円を配ることになり、岸田はピエロになってしまったのだが）。

東京五輪を成功させた上で、それを花道に退陣。政界イエスマンの異名をとる岸田を「ポスト安倍」に据えて、安倍の宿願である「憲法改正」を実現させたい、というのが安倍のベストシナリオであることを満天下に示したといっても過言ではない。

しかし、来年の夏までに世界を席巻している武漢コロナウイルス禍が終息している保証は、どこにもない。

五輪組織委関係者によれば、ウイルス禍が来夏までに終息していなければ、さらなる「一年延期」、つまり「二年延期」は、事実上ないという。つまり五輪は中止となり、安倍は急速に求心力を失う。もちろん、日本経済も再浮上のきっかけを失ってしまう。

そうなれば、かつて長期政権を続けた中曽根康弘が、ニューリーダーと呼ばれた竹下登、安倍晋太郎、宮沢喜一の三人を競わせ、最終的にキングメーカーとなって竹下を指名した手法を踏襲して、「岸田首相」を指名するというプランは砂上の楼閣となろう。

安倍晋三は、一世一代の大博打に出たのである。

仕切り直しの東京五輪開会式の日として新たに決まった令和三年七月二十三日、世界はどんな姿をみせているのだろうか。

それは神ならぬ身では知るよしもない。

一つだけ確かなのは、コロナウイルス禍前の世界には、もう戻れないという厳粛な事実だけである。

万死に値するWHO事務局長

「はじめに」でも書いたように、武漢コロナウイルス禍を世界に拡散した第一の責任が中国共産党とそのトップの習近平国家主席にあるのは、言うまでもない。

同時に、中国の意のままに動いたWHO（世界保健機関）の責任は、何度指摘してもし過ぎることはない。

特にＷＨＯトップであるテドロス事務局長の中国贔屓《びいき》によって、パンデミック宣言が遅れ、死なくてよかった患者がどれほど死んでいったか。

テドロス事務局長の意図的ともいえる不手際とミスは、文字通り万死に値すると、思っていたら同じことを考えている人がいた。

アメリカのトランプ大統領である。

トランプは四月七日の記者会見で、「私が中国からの入国制限措置を実施したことを彼ら（ＷＨＯ）は批判し、反対した。そして彼らは間違っていた。彼らは多くのことについて間違ってきた。彼らは早い段階で多くの情報を持っていながら何もしなかった。彼らは非常に中国寄りであるように見える」と痛烈にＷＨＯを批判した。

トランプの言うように、一月に米国が中国からの入国を規制した際、ＷＨＯは「感染拡大防止に効果的でない」と批判している。

この事実は、トランプ嫌いの人々も認めざるを得ないだろう。

そんなトランプの「正論」に、事務局長は会見で、こう反論した。

「さらなる死者の増加を望まないのであれば、政治問題化するのはやめてほしい」

あきれ果てるとは、このことだ。

武漢コロナウイルスを「政治問題」化し、中国に忖度《そんたく》してパンデミック宣言を遅らせたのは、誰あろうテドロス自身である。

そしてあろうことか、「この三か月、私は人種差別的な人身攻撃を受けている。そんなものは受け付けない」と強い口調で批判し、人身攻撃の中心に台湾外交部があるとした。

武漢ウイルス禍という世界的危機においても、中国に遠慮してWHOから疎外している台湾を名指しで非難したのである。逆切れとはこのことだ。

もちろん、台湾側は「根拠のない言いがかりに抗議し、強く非難する」との声明を発表したが。

記者会見という公の席で、中国べったりはもとより、これほどまでに感情的で、冷静さのかけらもない姿をさらした国連機関トップは寡聞《かぶん》にして知らない。

こんな事務局長は、要らない。

このような人物をいつまでもWHOの指導的地位に置くのは、世界をより危険なものにする。

WHOに多額の資金を供給している日本は、即刻、事務局長の辞任を要求すべきである。

それともう一つ。国連機関だからといって無条件に有り難がるのは、先進国では日本くらいなものである。

こういうときこそアメリカを見習って、カネを出すなら口を出す、それでも言うことを聞かなければ、資金を引き揚げる、というくらいの駆け引きをやってもらいたい。

国連機関への拠出金の原資は、われわれ納税者の貴重な血税なのだから。

緊急事態宣言遂ニ発令ス

政府は令和二年四月七日、緊急事態宣言を発令し、安倍晋三首相は、宣言を国民に説明するため午後七時から記者会見を開いた。

NHKと民放テレビ局はもちろん（我が道を歩むあのテレビ東京でさえも！）ラジオでも生中継され、私はニッポン放送のスタジオで聞いた。

第一章で紹介したニッポン放送の「ザ・フォーカス」にコメンテーターとして出演中で、武漢コロナウイルスの脅威がこの国にまったく浸透していなかった一月二十日の放送時と違って、森田耕次パーソナリティと私との間には、分厚い可動式の透明なアクリル板が設置されていた。

「ニッポン放送開闢《かいびゃく》以来」の設置物だそうで、唾液《だえき》の飛沫が飛ばないようにするためである。

振り返れば、一月二十日は、中国の習近平国家主席が、事実上初めてコロナウイルス禍を「国難」と認め、感染拡大防止策強化の号令を発した日だった。

あれから八十日弱。

長かったような短かったような不思議な月日が流れたが、世界も日本も変わった。いや、変わらざるを得なかった。

私権制限の伴う「新型インフルエンザ等対策特別措置法」に基づく緊急事態宣言の発令は、戦後史を画する出来事となった。

実は「緊急事態」宣言を発令する機会は何度もあった。多数の死傷者を出した伊勢湾台風（昭和三十四年）の反省から、昭和三十六年に災害対策基本法が制定された。

基本法では、大震災や大型台風など国民生活に極めて大きな被害を与える「非常災害」が起きたとき、救援活動や物資供給などで私権を制限できる「災害緊急事態」を政府が布告できることになっていた。

しかし、阪神大震災でも東日本大震災でも「災害緊急事態」は布告されなかった。リベラル色の強かった村山富市《とみいち》政権（阪神大震災時）、菅直人政権（東日本大震災時）ともに罰則規定のある「私権制限」の行使を嫌ったのである。

ただ、例外もある。

大多数の国民には意識されていないが、東日本大震災による福島第一原発事故の発生で、ときの菅直人政権は、原子力災害特別措置法に基づく「原子力緊急事態」を平成二十三年三月十一日に宣言した。

緊急事態宣言に従って第一原発周辺住民は避難を指示され、その効力は今も続いている。

とはいえ今回、「緊急事態」の対象となった住民は、全国民のほぼ半数にあたり、規模がまるで違う。全国規模で私権制限の伴う法律が、事実上、戦後初めて施行されたといっていい。

緊急事態宣言の説明をする首相の発言をメモしながら私は、「なかなか口跡もはっきりしていてわかりやすい」と感じた。

何よりも冒頭、医療関係者に丁寧な謝意を示したのは良かった。飲みに行ってはいけない、スポーツ観戦はしてはいけない、人と会ってはいけない、と政府や自治体から要請され、ないない尽くしで人心が毛羽立っていた時期である。ともすれば忘れがちな、武漢コロナウイルスと最前線で戦ってくれている医師、看護師、検査技師、そして患者を病院に運ぶ救急隊員らへの感謝の念を最初に示して、人心を和らげた。

「感染が拡大すれば一カ月後に八万人が感染する」とリスクを明示して、危機感を伝えたのも、これまでの曖昧な数字に基づいた「お願い」を反省したもので工夫の跡がみえた。

だが、しかし。

記者会見のもう一つの柱である経済対策のくだりでは、人心を和らげることはできなかった。

「役所に緊急融資で相談に行ったが、時間の無駄だった」「全国民に一斉に現金給付をして、余裕のある人からは年末調整で『復興税』の形でとればいいのではないか」「ザ・フォーカス」のリスナーからは、首相の記者会見中からツイッターやメールを通じて厳しく鋭い意見が相次いで寄せられた。

特に評判が悪かったのが、所得半減世帯への「三〇万円」給付案だった。

「感染拡大防止のため人混みを避けるように、と国が要請しているのに、申請のため役所に住民が殺到したらどうするんだ」

いかにも役人が考えそうな中途半端で、有り難みの薄い救済策であることを国民は、即座に見抜いていたのである。

野党のみならず、与党からも要求が強まっていた消費税減税も財務省の抵抗で盛り込まれなかった。

しかも緊急事態宣言によって営業休止を要請する業種をめぐって、政府と東京都との考えに開きがあることが表面化し、相も変わらぬ国と自治体の確執が露呈した。

憲法に緊急事態条項がない以上、特措法をもとに緊急事態宣言を発令したところで、それは「伝家の宝刀」ではなく、ただの「竹光」に過ぎない。

国家的危機にあっても首相官邸も、国会も、官僚組織も何も変わっていない。

今こそ、この国は、真の意味での「政治改革」が必要だ。

その主役は、安倍晋三首相でも野党の政治家でも官僚でもなく、この本を読んでくださっているあなた自身なのである。

あとがき

平成が終わり、令和に入ってすぐに身近な人々が、相次いであの世へと旅立っていった。

令和元年六月には母が、今年二月には父が亡くなった。

いずれも九十歳を超えていたので、大往生の部類なのだが、親不孝を重ねた身としては、なかなかこたえた。

それよりもこたえた〝事件〟が起きた。

第二章でとりあげた谷内正太郎氏へのロングインタビューを一冊の本「外交の戦略と志」（産経新聞出版）にまとめた高橋昌之記者が、令和元年十月に自裁してしまったのである。心の病を患っていたのは確かだが、真の理由はわからない。

関東地方を猛烈な暴風雨が襲い、多摩川が決壊寸前までに至った彼の葬儀の日を、一生忘れないだろう。

彼の熱心な仕事ぶりを同僚として三十年近く見てきた私は、なぜもう一歩、彼の人生に踏み込んで、この世に押しとどめてやることができなかったのか、という後悔の念をいまでも抱いている。

以来、生きているうちにやれることは、やっておこうと考えるようになった。

まあ、しかし、『失楽園』の主人公のように愛に溺れるほどのカネも暇もない。人様の悪口を書くくらいしか、能のない人間に何ができるのか。

そうこうしているうちに、年が明け、父の様態が急速に悪くなり（いま思えば武漢コロナウイルス肺炎を疑えばよかった）、同時進行的に中国・武漢で発生したと思われる得体の知れぬウイルスが世界に拡散していった。

しかも初動対策で、危機管理に強いはずの安倍政権は、らしからぬミスを連発してしまったのである。

それはなぜか。

間近に迫っていた習近平国家主席の国賓としての来日が、安倍政権の足かせになっていたのは明らかだった。

高橋記者が元気だったならば、「こんな中国に振り回されっ放しでいいんですか、日本は。どうなんですか、乾さん！」と酔っ払ってからんできたのは間違いない。

彼に代わっていまこそ、何か書かなくてはならない。

いや、書きたい。

昨年、初めての単行本である『令和をダメにする18人の亡国政治家』を上梓するにあたって世話になったビジネス社の編集者、佐藤春生氏に相談すると、二つ返事で「やりましょう！」となった。

しかし、提示された締め切り日は、四月某日。あまりにも短い。

そこで、一計を案じて経済関係は高橋俊一（前出の高橋記者とは姻戚関係にない）、厚労省関係は坂井広志、台湾関係は田中靖人と、いずれもその道のエキスパートである三人の記者に協力を仰いだ。

とても、とても私だけの微力だけでは、これほどの短期間で一冊の本にはならなかった。協力していただいた皆さんに満腔の謝意を表したい。

なお、登場人物に対する悪口雑言は、小生の邪念に基づくものであり、彼らの考えでないのは言うまでもない。すべての責任は、私にある。

もう一つ言うまでもないことで、賢明な読者の皆さんには先刻ご承知であろうが、本稿は、あくまでも私的なものであり、産経新聞社論説委員室の考え方を代表するものではない。

産経新聞二面に掲載している「主張」（ほかの新聞社では『社説』と呼んでいる）は、土曜日曜祝日を除く平日の午前中、論説委員全員が出席して会議を開いて取り上げるテーマを選び、内容についてとことん議論してから、その日の筆者を決める。

こういってはナンだが（読者の皆さんには意外かもしれないが）、極めて民主的に運営されている。

だからこそ、「主張」は原則、無署名なのである。

会議を主宰している論説委員長だから、といって習近平国家主席あての親書のように勝手に書き換えられない。

というわけで、この本に書いていることと、「主張」に書いてあることが違うじゃないか、とお怒りにならないでいただきたい。

「主張」に関するご意見は、産経新聞社宛てに、この本に関するご意見はビジネス社宛てになるべく手紙かはがきでお願いします（フェイスブックやラインの類いは一切、やっておりませんので）。

いずれにしても「あとがき」までお読みいただき、誠にありがとうございました。
もしご縁があれば、産経新聞か、ラジオ（ニッポン放送）か、本の世界で、またお目にかかりましょう。

この本を迷惑をかけ通しの家族と高橋昌之記者に捧ぐ

令和二年四月某日

緊急事態宣言が発令された夜の東京某所にて

日中関係年表

年月	日中友好	中国の反日活動、日中対立、台湾問題など
昭和47年（1972）		
9月	**田中角栄総理訪中、日中国交正常化（「日中共同声明」発表）**	**台湾断交**
10月	中国より上野動物園にパンダ2頭贈呈される	
11月	日本政府事務当局訪中団訪中	
昭和48年（1973）		
1月	在中国日本国大使館開設	
2月	在日本国中国大使館開設	
5月	日中海底ケーブル建設に関する取極め署名	
6月	神戸市・天津市友好都市提携（第1号）	
昭和49年（1974）		
1月	大平正芳外務大臣訪中（日中貿易協定、日中常駐記者交換覚書署名）	
4月	日中航空協定署名	
7月	「中華人民共和国展覧会」大阪、東京	

	で開催。入場者数約４００万人	
11月	日中海運協定署名	
昭和50年（１９７５）		
3月	定期便を借り切って集団で訪中する「日中友好の翼」始まる	
4月	第1回日中貿易混合委員会（北京）	
8月	日中漁業協定署名	
8月15日		三木武夫首相が「私人」として靖国参拝。首相による初の終戦の日の参拝
10月	経団連ら訪中代表団が北京初訪問（非公式には昭和48年から訪問。以降毎年継続中）	
昭和51年（１９７６）		
6月	日中漁業共同委員会第1回年次会議（北京）	神社本庁および日本遺族会が中心となって「英霊にこたえる会」が結成、「首相や閣僚による公式参拝」を要請する運動を展開
昭和52年（１９７７）		
9月	日中商標相互保護協定署名	
昭和53年（１９７８）		
5月	上海宝山製鉄所建設の議定書及び技	

	術援助契約書調印（長期貿易最初の協定）	
8月	園田直外務大臣訪中（「日中平和友好条約」署名）	
8月15日		福田赳夫首相が参拝。公用車の使用、公職者の随行のうえ「内閣総理大臣」と記帳しながらも、私的参拝を主張
10月	**鄧小平副総理訪日**（中国国家指導者の初訪日）、日中平和友好条約の批准書交換	
10月17日		**靖国神社にA級戦犯14人を国家の犠牲者「昭和殉難者」として合祀**（翌昭和54年4月19日に新聞報道により一般に知られることとなる）
昭和54年（1979）		
4月21日		大平正芳首相が春期例大祭で参拝（A級戦犯合祀報道の2日後）
5月	「中日友好の船」600人来日	
9月	「日本・中国青年親善交流」事業開始（日本青年30名、中国青年30名が相互訪問）	

12月	**大平正芳総理訪中(対中経済協力開始)** **日本の対中国政府開発援助(ODA)の総額(2016年度まで)** **円借款　　:3兆3165億円** **無償資金協力:1576億円** **技術協力　:1845億円**	
昭和55年(1980)		
3月	第1回日中外交当局間定期協議(東京)	
4月	国宝「鑑真和上坐像」が江蘇省揚州市、北京市に「里帰り」 北京・秦皇島間鉄道拡充事業に日本が有償資金協力を実施	
5月	**華国鋒総理訪日(中国総理の初訪日)**	
7月	華国鋒総理訪日(大平正芳総理の葬儀参列)	
8月15日		鈴木善幸首相、閣僚と大挙して靖国参拝
12月	愛知工業大学と南京工学院、友好大学提携に調印(日中大学間交流の幕	

		開け） 第1回日中閣僚会議（北京）	
昭和56年（1981）			
	3月	日中渡り鳥保護協定署名	
	3月18日		「みんなで靖国神社に参拝する国会議員の会」が結成
	8月15日		鈴木善幸首相が靖国参拝
	12月	第2回日中閣僚会議（東京）	
昭和57年（1982）			
	5月	**趙紫陽総理訪日**	
	6月26日		**第一次教科書問題**。文部省が教科書検定により高校の歴史教科書において中国華北地域への「侵略」を「進出」と書き換えさせたとする朝日新聞などの誤報により中国との外交問題に発展。以後日中（韓国）間で歴史認識が政治問題化
	8月15日		鈴木善幸首相が靖国参拝。マスコミの「公人」か「私人」の質問に答えず
	9月	**鈴木善幸総理訪中**	
昭和58年（1983）			

9月	日中租税協定署名	
11月	**胡耀邦総書記訪日（日中友好21世紀委員会設立を決定）**	
昭和59年（1984）		
3月	**中曽根康弘総理訪中**	
9月	日中友好21世紀委員会第1回会合（東京） 日本の青年3000名が中国側招待で各地訪問	
10月	日本からの無償資金協力・技術協力により日中友好病院、北京に完成	
昭和60年（1985）		
3月	**中国青年代表団100名来日（代表：胡錦濤中国共産主義青年団第一書記）**	
7月	日中原子力協定署名	
8月9日		官房長官・藤波孝生の私的諮問機関「閣僚の靖国神社参拝問題に関する懇談会」（靖国懇）が、公式参拝可能との報告書を発表
8月15日		中曽根首相ら閣僚17人が参拝（以後、

10月	中国からトキの初借受け	私的参拝という形式が定着)。以降11年間、終戦の日の参拝は行われない時期が続いた。
昭和61年(1986)		
5月	中国への海外青年協力隊派遣開始	「日本を守る国民会議(現:日本会議)」編の高校用教科書『新編日本史』(原書房) を中国が批判。中曽根康弘首相が文部省に検討を要請し、5月27日に異例の再審議
8月14日		内閣官房長官・後藤田正晴が近隣諸国への配慮から首相の公式参拝を差し控える談話を発表
8月15日		「みんなで靖国神社に参拝する国会議員の会」(会長・奥野誠亮)が集団で参拝、首相は参拝を見送った
11月	中曽根康弘総理訪中(日中青年交流センター定礎式出席)	
昭和62年(1987)		
	日中青年の友情計画に基づく青年招	

7月7日	へい事業開始	盧溝橋事件50周年を記念し中国人民抗日戦争記念館が開館。平成7年には村山富市首相が訪問、平成13年には小泉純一郎首相、平成17年には公明党の山口那津男代表が訪問。以降、中国全土に200カ所以上のいわゆる「反日記念館」が開館
9月	**パナソニックが北京市と合弁で、北京・松下彩色顕象管（BMCC）の設立**	
昭和63年（1988）		
2月	日本からの無償資金協力による長春市日中友好浄水場完成	
7月	北京市地下鉄建設事業に日本が有償資金協力を実施	
8月	**竹下登総理訪中** 日中投資保護協定署名	
昭和64年〜平成元年（1989）		
2月	銭其琛国家主席特使（外交部長）訪日（大喪の礼参列）	

4月	**李鵬総理訪日**	
6月4日		**天安門事件**
平成2年（1990）		
1月	黄土高原治山技術訓練計画に日本が技術協力を実施	
3月	無償資金協力による新疆ウイグル自治区ホータン市児童福祉教育センター完成	
11月	呉謙学副総理訪日（即位の礼出席）	
平成3年（1991）		
1月10日		仙台高裁が岩手県の靖国訴訟で合憲判決
5月	日本からの無償資金協力による日中青年交流センター、北京に完成	
8月	**海部俊樹総理訪中**	
9月	北京市地下鉄第二期建設事業に日本が有償資金協力を実施	
平成4年（1992）		
2月28日		中曽根公式参拝（昭和60年8月15日）に対する九州靖国神社公式参拝違憲訴訟の福岡高裁判決。違憲と判示

4月	JETプログラム（語学指導を行う外国青年招致事業）に4名が中国から初めて参加 **江沢民総書記訪日**	
7月30日		中曽根公式参拝（昭和60年8月15日）に対する関西靖国公式参拝訴訟の大阪高裁判決。違憲の疑いありと判示。のち確定
9月	国交正常化20周年の記念行事として国立科学博物館で「楼蘭王国と悠久の美女」展開催	
10月	**天皇皇后両陛下御訪中（北京、西安、上海）**	
平成5年（1993）		
8月	北京首都空港整備事業に日本が有償資金協力を実施	
平成6年（1994）		
3月	**細川護熙総理訪中**、日中環境保護協力協定締結 日本からの無償資金協力による敦煌石窟文化財研究・展示センター開設	

4月	寧夏森林保護研究計画に日本が技術協力を実施	
9月		江沢民政権「愛国主義教育実施要綱」いわゆる「反日教育」を制定（翌95年から推進）
平成7年（1995）		
1月	阪神・淡路大震災の発生に際し、中国が緊急援助物資を提供	
4月	日中医学教育センター臨床医学教育プロジェクトに日本が技術協力を実施	
5月	南京城壁保存修復協力事業開始（3年間） **村山富市総理訪中**	
8月	**村山富市総理、戦後50周年の総理談話発表（いわゆる「村山談話」）**	
9月3日		北京で開催された「首都各界による抗日戦争記念ならびに世界反ファシスト戦争勝利50周年大会」で江沢民国家主席が、日中戦争の被害者数を2100万（抗日勝利40周年の19

11月	**江沢民国家主席訪日**（APEC出席、大阪）	85年に中国共産党が発表した数値）から死傷者数を含めた上で3500万とした演説を発表
平成8年（1996）		
2月	中国雲南省地震の発生に際し、日本が30万ドルを緊急援助	
5月	日本からの無償資金協力による日中友好環境保全センター、北京に開所	
7月	中国安徽省等の洪水災害に日本が30万ドルを緊急援助	
7月29日		橋本龍太郎首相が自身の59歳の誕生日に靖国神社参拝。首相の参拝は11年ぶり
平成9年（1997）		
4月2日		愛媛玉串料訴訟で違憲判決。最高裁大法廷判決「たとえ戦没者遺族の慰藉が目的であっても県が靖国神社・護国神社などに玉串料を公費から支出したことは憲法が禁止した宗教活

9月	**橋本龍太郎総理訪中**	動にあたり、違憲である」
10月	北京市消防訓練センターに日本が技術協力を実施	
11月	**李鵬総理訪日** 日中漁業協定署名	
平成10年（1998）		
8月		江沢民国家主席が「日本に対しては、台湾問題をとことん言い続けるとともに、歴史問題を終始強調し、しかも永遠に言い続けなくてはならない」と外国に駐在する特命全権大使など外交当局者を集めた会議で指示
11月	**江沢民国家主席訪日** （「平和と発展のための友好協力パートナーシップの構築に関する日中共同宣言」発表、「青少年交流の一層の発展のための枠組みに関する協力計画」署名）	訪日した江沢民国家主席が「日本政府による歴史教育が不十分だから、（国民の）不幸な歴史に対する知識が極めて乏しい」と発言して、日本の歴史教育を激しく非難。日韓共同宣言の「痛切な反省と心からのお詫び」と同様の記述を日中共同宣言に明記するよう要求。11月26日の明仁天皇主

12月	杭州—衢州高速道路建設事業に日本が有償資金協力を実施	催の豊明殿での宮中晩餐会でも日本批判
平成11年(1999)		
通年	日中文化友好年	
1月	中国からトキのつがい贈呈、トキの人工増殖開始 日本への団体観光旅行を解禁	
7月	**小渕恵三総理訪中**	
8月6日		官房長官の野中広務が、「A級戦犯を分祀し、靖国が宗教法人格を外して純粋な特殊法人」にすべきとの個人的見解を発表
10月	日本からの有償資金協力による上海浦東国際空港開港	
11月	日中民間緑化協力委員会設立	
平成12年(2000)		
3月	草の根技術協力開始 環境モデル都市事業(貴陽・重慶・大連)に日本が有償資金協力を実施	

4月	「日中知的交流支援事業」が開始（2007年に「日中研究交流支援事業」に改称）	
5月	運輸大臣だった二階俊博が、約5200人もの訪中団を率いて北京訪問。江沢民、胡錦濤というツートップが歓迎	
9月	日本、中国人団体観光客への査証発給を開始	
10月	**朱鎔基総理訪日** 東京国立博物館で「中国国宝展」開催	
平成13年（2001）		
5月9日		小泉純一郎首相、「靖国神社に参拝することが憲法違反だとは思わない」「個人として靖国神社に参拝するつもりだ」と衆議院本会議で明言
7月11日		公明党代表の神崎武法が「憲法20条（政教分離）と89条（公費支出）に違反するような（首相の靖国神社）参拝は問題がある」と日本記者クラブの党首討論で発言

7月30日		外務大臣の田中真紀子が首相の靖国参拝について「総理は国の最終的な責任者であり、国家の意思そのものだ。ここは個人だ何だと分けるふうな姑息な手段は使わないでいただきたい」と発言
8月13日		小泉純一郎首相が前倒しで靖国参拝
8月	保守党の二階俊博幹事長が1万3000名もの訪中団を率いて北京訪問。江沢民、胡錦濤というツートップが歓迎	
10月	**小泉純一郎総理訪中**（上海APEC出席）	
11月	リハビリテーション専門職養成プロジェクトに日本が技術協力を実施	
12月14日		中国、韓国などから批判が出たのを受け、内閣官房長官・福田康夫は、国立戦没者追悼施設を建設する構想を立ち上げ、私的諮問機関「追悼・平和祈念のための記念碑等施設の在り方を考える懇談会」（座長今井敬）を発

		足
平成14年（2002）		
	無償資金協力による日中留学等の人材育成支援事業開始	
通年	日中国交正常化30周年として「日本年・中国年」を実施	
2月		ブッシュ米大統領が対テロ戦争協力への返礼の意も込めて靖国神社への参拝を申し出るも日本側から要請して明治神宮への参拝に変更
3月	北京市環境整備事業に日本が有償資金協力を実施	
4月	小泉純一郎総理訪中（ボアオ・アジア・フォーラム出席、ボアオ）	
4月21日		小泉純一郎首相が靖国参拝
9月	**日中国交正常化30周年記念式典、1万3000名の訪中団訪中** 中国国家観光局と日本国土交通省共催の観光友好交流活動「世々代々の友好、中国で会いましょう」を北京で開催	

10月	日中国交正常化30周年記念行事として東京国立博物館で「シルクロード 絹と黄金の道」展開催	
12月24日	第1回日中経済パートナーシップ協議（北京）	内閣官房長官の福田の諮問機関「追悼・平和祈念のための記念碑等施設の在り方を考える懇談会」が報告書を提出
平成15年（2003）		
	シニア海外ボランティア派遣開始	
1月14日		小泉純一郎首相が靖国参拝
3月	内陸部・人材育成事業に日本が有償資金協力を実施	
5月	深刻化する中国のSARS感染に対して民間支援を行う	
12月	新日中友好21世紀委員会第1回会合（大連）	
平成16年（2004）		
1月1日		小泉純一郎首相が靖国参拝
1月		中国民間保釣連合会などの抗議船が

	尖閣諸島近海に石碑20個を投げ入れ 中華民国宜蘭県政府が魚釣島を土地台帳に登記
2月28日	台湾二・二八事件57周年。李登輝前総統の呼びかけで独立派が中国のミサイル配備に「人間の鎖」
3月20日	中華民国総統選挙で民進党の陳水扁が総統に再選
3月24日	7人の中国人活動家が魚釣島に違法上陸、出入国管理法違反容疑で逮捕
4月7日	福岡地方裁判所が小泉純一郎首相の靖国神社参拝(平成13年8月13日)で被告側勝訴判決(亀川清長裁判長が傍論で違憲言及)。それを受けた小泉首相は記者団の質問に「私的な参拝と言ってもいい」と語り、公私の区別をあえてあいまいにしてきた従来の姿勢を転換
5月20日	陳水扁、総統就任式で、新憲法づくりを目指すことを表明
7月7日	日本が東シナ海で海底資源調査を開

		始。中国外交部の王毅副部長が阿南惟茂駐中国日本国大使に抗議
8月7日		北京サッカー・アジアカップ決勝戦で反日暴動、日本公使の車両に被害
10月	第1回東シナ海に関する日中協議（北京）	
10月25日		東シナ海ガス田問題に関する初の日中局長級協議。日本側は地下構造のデータ提供を要求するも、中国側は応じず
11月10日		沖縄県宮古島周辺で中国潜水艦が日本領海を侵犯。日本政府は海上警備行動を発令
11月25日		千葉地方裁判所（裁判長：安藤裕子）は、小泉純一郎首相の靖国神社参拝（平成13年8月13日）について、参拝は公的と認定した上で被告側勝訴判決（憲法判断は行わず）
12月8日		公明党の神崎武法代表が記者クラブで小泉首相の靖国神社参拝が日中関係の障害になっていると発言

12月16日	中国外交部、王毅大使が日本政府の李登輝訪日容認に抗議
12月27日	台湾の李登輝前総統が「観光旅行」で訪日
	全人代常務委、「反国家分裂法」採択。05年3月の第10期全人代に上程へ
平成17年（2005）	
2月	中華民国政府、尖閣諸島問題の平和的解決呼びかけ
	連戦中国国民党主席率いる中華民国代表団が56年ぶりに大陸を訪問、中国共産党とも会談し、「経済協力強化」確認
4月	**北京や上海で反日デモ**。日本大使館や日本料理店などに投石被害
4月27日	中国の王毅駐日大使が日中両政府間で靖国神社参拝に関する「紳士協定」が存在し、首相と外相、官房長官は参拝すべきではないと発言。翌28日、中曽根元首相は「王大使の記憶違い」と述べて「紳士協定」の存在を否定。中

		国大使館へ電話で抗議したと記者団に語る
5月	第1回日中総合政策対話（北京）	
5月23日		訪日中の呉儀副総理が小泉純一郎総理との会談をキャンセルして帰国
7月	東京国立博物館で「遣唐使と唐の美術」展開催	
8月	小泉純一郎総理、終戦60周年の総理談話発表	
9月29日		「靖国訴訟」東京高裁（浜野惺〈しずか〉裁判長）は1審の千葉地裁判決を支持、原告側控訴を棄却（但し参拝は私的なものと変更、憲法判断は行わず）
9月30日		大阪高裁が小泉靖国訴訟で被告側勝訴判決（大谷正治裁判長が傍論で小泉首相の参拝をめぐる訴訟としては高裁段階で初の違憲言及）
11月3日		中国の唐家璇国務委員（前外相）が、昭和60年の中曽根首相による靖国神社参拝を受け、首相と外相及び官房

		長官は参拝しないとの「紳士協定」を日中両政府間で結んだと発言
11月5日		公明党の神崎代表が、首相、外相、官房長官の靖国参拝の自粛を要求
11月9日		靖国神社に代わる国立戦没者追悼施設を目指す超党派の議員連盟「国立追悼施設を考える会」が発足。会長に山崎拓（自民党）、副会長は鳩山由紀夫（民主党）と冬柴鉄三（公明党）。設立総会には福田康夫（自民党）や当時の公明党代表の神崎武法ら１００人が参加
12月	中国の銀聯カード、日本でのサービスを開始 日中気象災害協力研究センタープロジェクトに日本が技術協力を実施	
平成18年（２００６）		
3月	日中観光交流年開幕 第1回日中財務対話（北京）	
4月	中西部地域リプロダクティブヘルス・家庭保健サービス提供能力強化	

年月	日中関係	国際・その他
	プロジェクトに日本が技術協力を実施	
5月	日中21世紀交流事業開始（中国高校生代表団第1陣200名来日）	
6月	甘粛省HIV／AIDS予防対策プロジェクトに日本が技術協力を実施	
8月15日		小泉首相が靖国参拝。前年のような反日デモは行われず中共による「官制デモ」であったことが露呈
9月		陳水扁総統、国際社会に対して「台湾」名義での国連加盟を強調
10月	**安倍晋三総理訪中**（「日中共同プレス発表」を発出、「戦略的互恵関係」を打ち出す）	
12月	日中歴史共同研究第1回全体会合（北京）	
	ワクチン予防可能感染症のサーベイランス及びコントロールプロジェクトに日本が技術協力を実施	
平成19年（2007）		
通年	日中文化・スポーツ交流年	

1月	東京国立博物館で「悠久の美——中国国家博物館名品展」開催 安倍晋三総理より「21世紀東アジア青少年大交流計画（ＪＥＮＥＳＹＳ）」の実施を表明	台湾高速鉄道開業。日本勢は車両や電気、信号システムを受注
3月	第1回日中戦略対話（北京、杭州） 全人代、物権法を採択して私有財産を保証	
4月	日本の対中一般無償資金協力終了 **温家宝総理訪日**（「日中共同プレス発表」を発出、ハイレベル経済対話立ち上げ）	
5月	「21世紀東アジア青少年大交流計画（ＪＥＮＥＳＹＳ）」が開始	
6月	新疆天然草生態体保護と牧畜民定住プロジェクトに日本が技術協力を実施	
8月	太行山地区における多様性のある森林再生事業に日本が草の根技術協力を実施	
12月	**福田康夫総理訪中**	

	第1回日中ハイレベル経済対話開催（高村正彦外務大臣ほか関係閣僚の訪中）	
	日中貿易総額（2367億米ドル、対香港貿易除く）が初めて日米貿易総額（2142億米ドル）を上回る	
平成20年（2008）		
通年	日中青少年友好交流年	
2月		中国製冷凍餃子中毒事件
3月	日本からの無償資金協力により、酸性雨及び黄砂モニタリング・ネットワーク整備（全国34サイト）	
	「第五世代」と言われる習近平・李克強がそれぞれ副主席・副総理に就く	
	日本の対中円借款新規供与終了	
3月10日		**チベット騒乱**
3月18日		中華民国総統選で国民党の馬英九が勝利
4月	第1回日中メコン政策対話（北京）、日本・中国・メコン地域の三者が共に利益を得る互恵関係を築くべきとの	北京オリンピックの聖火リレーが長野で行われ、中国人の暴動が起こる

	考えで一致	
5月	**胡錦濤国家主席訪日**（「戦略的互恵関係」の包括的推進に関する日中共同声明発表） 四川大地震の発生に際し、日本が各国に先駆けて救援隊を派遣	
6月	東シナ海における日中間の協力についての日中共同プレス発表	
7月	**胡錦濤国家主席訪日**（北海道洞爺湖サミット主要経済国会合等出席、北海道）	
8月	**福田康夫総理訪中**（北京五輪開会式出席） 北京五輪に日本選手約３４０人参加	
9月	佐渡トキ保護センターでトキ10羽放鳥 中国・西安市における大気環境改善に、日本が市民参加の草の根技術協力を実施	台湾の李登輝元総統が「観光旅行」で沖縄入り
10月	**麻生太郎総理訪中**（ＡＳＥＭ首脳会議及び「日中平和友好条約」締結30周	

	年記念レセプション出席)	
12月	**温家宝総理訪日**(日中韓サミット出席、福岡)	
平成21年(2009)		
4月	**麻生太郎総理訪中**	
6月	耐震建築人材育成プロジェクトに日本が技術協力を実施	
7月	日本、中国人個人観光客への査証発給を開始	
12月	**習近平国家副主席訪日。民主党の小沢一郎幹事長が天皇特例会見を斡旋**	
平成22年(2010)		
3月	上海万博に日本館、日本産業館など3パビリオンが出展	
5月	**温家宝総理訪日**	
9月7日		**尖閣諸島中国漁船衝突事件**(以降、中国船による領海侵犯が増発)。中国は日本に対してレアアース(希土類)の輸出規制を強化
10月	都市廃棄物循環利用推進プロジェクトに日本が技術協力を実施	

平成23年（２０１１）		
3月	東日本大震災の発生に際し、中国が救援隊を派遣	東日本大震災の発生に際し、台湾から日本へ２５３億円（政府・団体・個人含め。平成26年12月31日まで）の義援金
5月	**温家宝総理訪日**（日中韓首脳会議出席）、福島など東日本大震災の被災地を見舞う	
12月	**野田佳彦総理訪中**	
平成24年（２０１２）		
通年	日中国交正常化40周年として２０１２「日中国民交流友好年」を実施	
2月	２０１２「日中国民交流友好年」開幕式及び中国における「元気な日本」展示会開幕式	
5月	**野田佳彦総理訪中**（日中韓首脳会議出席）	
9月11日		日本政府（野田内閣）が**尖閣諸島強いを国有化**
9月		**中国の各地で反日活動が激化**し多数の日系企業が被害を受ける

平成25年（2013）		
通年	日中平和友好条約締結35周年	
1月	安倍晋三総理よりJENESYS2・0（アジア大洋州諸国及び地域との青少年交流事業）の実施を表明	
12月26日		**安倍晋三首相が靖国参拝**（以降中・韓への配慮から参拝を見送り、平成27年以降は全閣僚も参拝せず）
平成26年（2014）		
11月	**安倍晋三総理訪中**（北京APEC首脳会議出席）	
平成27年（2015）		
5月	約3000名の日中観光文化交流団訪中	
10月	日中交流集中月間（NHK交響楽団の北京公演等）	
平成28年（2016）		
	日中植林・植樹国際連帯事業開始	
9月	安倍晋三総理訪中（G20杭州サミット出席）	
平成29年（2017）		

3月	日中国交正常化45周年 松竹大歌舞伎北京公演(日中国交正常化45周年記念)	
平成30年(2018)		
通年	日中平和友好条約締結40周年、中国の改革開放40周年	
3月22日		**トランプ米大統領が中国からの輸入品に追加関税を課す大統領令に署名**(以降、米中「貿易戦争」が拡大。日本政府および日本企業も「脱中国」を迫られる)
5月	安倍晋三総理と習近平国家主席との初の日中首脳電話会談 **李克強総理訪日**(東京、北海道)(日中韓サミット出席、国務院総理として8年ぶりの公式訪日) 日中社会保障協定、日中映画共同製作協定署名	
8月	野村万作、野村萬斎狂言公演(日中平和友好条約締結40周年)	
9月	第1回日中民間ビジネスの第三国展	

	開推進に関する委員会（北京）
10月	**安倍晋三総理訪中**（多数国間会議への出席を除き日本の総理大臣として約7年ぶりの訪中、第1回日中第三国市場協力フォーラム出席、2018年度をもって対中ODAの新規採択終了を発表） 日中海上捜索・救助（SAR）協定、日中通貨スワップ協定署名

平成31年～令和元年（2019）

通年	日中青少年交流推進年
4月	第1回日中イノベーション協力対話（北京） 二階俊博総理大臣特使訪中
5月	第1回日中開発協力政策局長級協議（北京）
6月	**習近平国家主席訪日**（G20大阪サミット出席）
10月	王岐山国家副主席訪日（即位の礼参列）
11月	第1回日中ハイレベル人的・文化交

	流対話（東京）
	日中動物衛生検疫協定署名
12月	**安倍晋三総理訪中**（日中韓サミット出席）
令和2年（2020）	
通年	日中文化・スポーツ交流推進年
3月	**習近平国賓訪日延期**

【著者プロフィール】

乾正人（いぬい　まさと）

産経新聞論説委員長。

平成元年６月１日より政治部記者。政治記者歴３０年。竹下登首相最後の日の番記者を皮切りに宇野、海部両首相の首相番記者を経て自民党渡辺派を担当する傍ら、政治改革運動も取材した。その後、首相官邸や自民党や社会党など政党を主に担当。平成８年９月から約１年間、防衛研究所で安全保障政策を学んだ。民主党政権時代には、発足当初からその無責任ぶりを厳しく批判。編集局長時代は、トランプ氏が大統領に当選した翌日の１面コラムで「トランプ大統領でいいじゃないか」と内外のメディアがトランプ批判一色の中、肯定論を執筆、大きな反響を呼んだ。モットーは、「他人が書かないなら自分で書く」。趣味は、競馬と鉄道旅行。

著書に『令和をダメにする18人の亡国政治家』（ビジネス社）など。

官邸コロナ敗戦

2020年５月18日　第１刷発行
2020年６月１日　第２刷発行

著　者　乾　正人
発行者　唐津　隆
発行所　株式会社ビジネス社
〒162－0805　東京都新宿区矢来町114番地
神楽坂高橋ビル5F
電話　03－5227－1602　FAX 03－5227－1603
URL　http://www.business-sha.co.jp/

〈カバーデザイン〉中村　聡
〈本文DTP〉メディアネット
〈印刷・製本〉モリモト印刷株式会社
〈編集担当〉佐藤春生〈営業担当〉山口健志

ISBN978-4-8284-2182-7